理財相對論

作者 劉培元

題的關心，給予受用智慧。往後陸續的出版品中，將虛心接
受讀者的反饋與指正，因為小市民的生活需求，讀者最知
道。我們也希望能透過這一系列的出版，與讀者共同參與生
活行動，創造積極的生活。

自序

　　在台灣，充滿了許多奇怪與矛盾的現象。對於理財與投資，更是如此。

　　先看看理財，隨便舉幾個例子，讓我們瞧瞧，是不是如此？

　　量入為出的道理誰都難以反駁，可是看看我們身旁的人們、尤其是年紀較輕、收入不高的人，是不是常有刷信用卡很勇猛、講大哥大很來勁的情形呢？

　　防人之心不可無的觀念，每個人從小到大不知聽過多少次了，可是新聞不是一再報導有人受騙上當的消息嗎？不論是早期的金光黨，一直到現在的中獎繳稅、代辦貸款、代客投資、甚至老鼠會，有哪一種不是一再發生呢？

　　人格應當是每一個人都很珍惜與注重的，而且不可辱。每次一到選舉時，買票的傳聞就甚囂塵上。如果有一些人為了五百、一千元而接受候選人買票，難道自己的人格就只值這些錢？

　　不管是誰，都希望追求一生美好的物質生活。可是有很長的一段時間，為了面子、由於有土斯有財的觀念、為了不想作無殼蝸牛，是不是有太多的人咬緊牙關買厝，結果換來的是數十年的還款壓力及低落的物質生活！

　　擴張信用的後遺症是現代人應有的認知，可是在自己的能力範圍之外融資買股票、貸款買汽車洋房、信用卡預借現

金者不是多如過江之鯽嗎？股票被斷頭、房子變成法拍屋、信用卡屢被催繳的案例也皆有所聞。

　　有錢大家花也許太過於豪氣，但是有多少人願意偶爾將一小部分的錢財去作點善事呢？當台灣的有錢人捐錢作慈善事業而上報時，不正是因為類似的義舉太過稀少的緣故。

　　人情攻勢是許多人的罩門。試問你自己的保單，是在自己真正覺得物美價廉之下而買的，或是難敵親朋好友的緊迫盯人戰術而買的？如果哪一天親朋好友跳槽了，或是一旦發覺不實用，你心理會不會有些不是滋味？

　　再看看投資，是不是也充滿著許多奇怪與矛盾的現象？

　　誰都知道，投資時應該要逢低買進、逢高賣出才容易獲利，可是在我們周圍的許多人，也許包括你我在內，卻經常在作相反的事，每當結算時就有無語問蒼天的感覺。

　　賭博讓人十賭九輸，除了作弊使詐的因素外，就是莊家抽頭使然了。台灣無論是個人或是共同基金交易的周轉率都是很高的，難道投資人及代客操作者不知道每完成一次交易，就會付出千分之三證交稅及千分之二‧八五的手續費！

　　謠言止於智者，也是老生常談。可是投資市場上總是有報不完的明牌？為什麼有太多的台灣投資人都喜歡聽信明牌到樂此不疲的地步？

　　富人永遠是任何社會的稀有動物，可是偏偏就有許多人提倡致富的觀念。難道老祖宗的名言「大富由天、小富由儉」並不適用於台灣嗎？要到什麼時候，多數人才能了解到，不

自序

論是短期致富或長期致富都是遙不可及的夢想？

　　為什麼會有這些現象呢？我自己的主觀看法及客觀觀察是，多數人在投資理財或處理錢財時並沒有仔細思考。但是有一個差別，就是有些人有能力思考而未思考，另外有些人則是沒有思考能力。

　　以台灣經濟發展的過程來看，台灣人累積財富的速度是遠比世界其他國家人民快了許多。但是思考投資理財與善用金錢的觀念及作為，則遠遠不及財富增長的速度。現在，尤其是處在不景氣的階段中，也許正是多數人可以好好冷靜思考的時機，想想過去是否曾犯過什麼錯誤，以後可不可以做得更好。

　　本書就是在如此的一個動機之下寫出的。筆者多年來在報社採訪及編控財金新聞的過程中，也許比一般人對投資理財有略多的接觸及認識。希望能夠結合財金常識與社會觀察，提供社會大眾一個思考方向。

　　在內容架構上，本書有兩個算是比較特殊的安排。

　　第一、筆者並不試圖以工具書的方式撰寫，也不特別強調知識與技巧，而是以台灣多數民眾可能容易迷失的方向著手，再試圖以筆者自認較為正確的觀念作印證。這樣的安排或許比較能讓讀者產生共鳴，或是容易讓讀者有更大的思考空間。

　　第二、本書的內容並不侷限於個人投資理財的觀念與作為，也牽涉到對政府的財經政策批評與建議，甚至對於金融

業者也有所期許。原因在於政府、金融業者、個人三者的利益是息息相關的。只有在政府優良的施政能力、金融業者提供有效率的服務，民眾才容易在一個優質的投資理財環境中享受獲利的果實及美好的物質生活。

　　總歸來說，本書最主要的目的，就是希望多數的台灣人，能夠經由思考，更為宏觀、優質的理財及投資，讓自己、家人、親朋好友、甚至更多的人，共同享受更豐富而美好的物質及精神人生。

　　最後，讀者對本書如有任何批評指教之處，歡迎以電子郵件交流。

劉培元

ronaldli@ms2.hinet.net

contant 目錄—

觀念篇

投資篇

理財篇

Wealth 觀念篇
Finance

40多億 個不同指紋
——— 理財方法因人而異

不論有多少本書教你理財，不管你吸收了多少知識，要確知一件
事，就是沒有兩個人的理財方式是完全一樣的，就算大同中仍有
小異。

上帝給予地球上四十多億人各自不同的指紋，就像每個
人的基因各異一般，意味著每一個人都是各有特色的獨立個
體。沒有人能改變你的指紋，除非動手術；也沒有另外一個
人的指紋和你一樣，除非是複製人。理財的道理也是一樣，
沒有兩個人處理錢財的方式會是完全一樣的。

例如，在消費方面，有的人喜歡多買一些電氣用品；某
些人對玩汽車很有興趣；另外一些人難以抗拒華麗服飾的誘
惑；有些人則喜歡存錢出國旅遊；當然，更有的人節儉成
性，對消費提不起什麼興趣。

以共同基金為例，張三可能只對海外投顧所引薦的海外
基金有興趣，李四則只願意投資國內投信所發行的基金。更
細一點說，王五對於高風險、高報酬的積極成長型基金愛不
釋手；趙六則保守地鎖定全球或至少是區域型海外基金。

如果是選擇自住型住宅，甲可能很務實的選擇公寓，因
為公寓的公設面積比較低；乙則熱愛開放空間產品，因為中
庭、花園、甚至娛樂空間都很寬敞，象徵了高品質的生活；

理財相對論

丙喜歡透天厝，因為自成一格，不必和別戶共用樓梯，居住空間充滿了隱私性。

至於買保險，林先生特別體認到癌症的恐怖，買保單時將其放在第一優先的地位；馬太太認為人生無常，因此和多數人一樣，一定先買張壽險保單再說；孫小弟喜歡東奔西跑，因此覺得買張意外險保單比較可能派得上用場；錢小妹一向身體不好，所以不得不優先買醫療險保單。

買股票，蘇經理是化學工廠主管，看好二十一世紀生化科技的發展，因此主要投資幾家具有潛力的生化股票；許教授一向服膺逢低買進的原則，認為金融股的價位實在低得不太合理，而決定選購幾支逾放比較低的銀行股；駱小姐則認為晶圓代工怎麼看都是台灣股市最穩當的股票，因此將閒錢分別投資張老闆及曹董事長的公司股票上面。葉科長的個性一向不信邪，認為投資雞蛋、水餃股，只要景氣過一段時間回春，報酬率會數以倍計。

當然，也有為數不少的人，是另外一種作法。就是別人買什麼股票，自己就跟著買；鄰居說那一種保單好，馬上就被說服；同事提及某支基金賺了不少，隔幾天也到銀行開戶申購；一聽到台幣要貶了，便立刻去換個幾千甚至幾萬美元。

其實，做為一個真正的「人」，理財第一個要想的，最好是「做自己」，因為沒有人會比你更了解自己，即使是專家，也只能提供一般或原則性的建議，參考一下即可。

第二個要想的是「妥不妥」，就是自己花錢時有沒有浪費，是不是買了一些不太需要的東西，是否有一時興起而購屋的情形？投資時，想想自己為什麼要選擇某支股票或基金。買保險時回想一下，是自己真的想買，還是在拉保險的朋友極力推薦下買的？

　　如果以上兩者處理的不錯，那麼第三個要想的就是「不後悔」，一定要對自己有信心。當自己的決定在事後證明有瑕疵、甚至是錯誤時，就當做是花錢買經驗吧，因為沒有人永遠是對的。如果事後證明自己確實眼光獨到，不也是人生自我肯定的一種方式嗎？

　　「一種米養百樣人」、「天生我才必有用」，理財與人生很多事情都一樣，認清自己的獨特性，努力及勇敢的做自己，有空用點腦筋想想自己的是與非。如果真能如此，不但失敗不容易接近你，而且還會發現自己是在過一種有意義的生活。

　　　　正確的理財方法講求內外兼修，外是吸收基本的財金知識，內是思考自己的經濟條件及個性。如此，方能不為人云亦云所惑，亦能選擇適合自己的道路。

理財與人生
——— 賺與賠不是人生的全部

賺到錢時，有多少人為了如何花用而吵架；賠錢時，又有多少家庭因為虧損而失和。其實，有錢到像王永慶的人實在太少，窮到三餐不繼的家庭也很少，為了錢的盈虧而失和，事後必然後悔。

請你捫心自問，是否曾經因為投資失利，和另一半吵架甚至嚴重失和？事後你有沒有後悔？或仍然覺得一切都是對方的錯！

住在福爾摩莎寶島的新台灣人，對三樣事情特別熱衷，一是政治，二是明星，三是金錢，不是嗎？政黨互鬥是不是常見的街談話題？翻開報紙或打開電視，是不是有太多的人喜歡看娛樂新聞或連續劇？有關金錢的股市、外匯、基金的話題，是不是經常在你的耳邊圍繞？

投資，不是賺錢就是賠錢；理財，不是錢進就是錢出。賺錢的時候，通常是夫妻及家人皆大歡喜，頂多是為了如何繼續投資或痛快花一場而互有意見。賠錢時問題就比較大，不但家人心情都很沉悶，甚至因此而互相指責，最嚴重則是妻離子散或自我了斷。

台灣錢曾經淹腳目，從最保守的銀行定存到高槓桿的期貨及保證金交易，很多人多少都會投資一些。無論你及家人對金錢遊戲如何熱衷，千萬要記住一句話：金錢的賺與賠並

不是人生的全部，充其量只不過是生活的一個工具而已。就好像菜刀一樣，頂多只是烹飪工具，絕不可能取代菜餚一般。

人生在世，一定要生活，其中包含了精神及物質生活。精神生活與金錢多寡，並沒有絕對的關係，物質生活則與財富有密切關聯。但是財富的多寡，經常會有「命」及「運」的成份在內；千萬不要因為金錢而讓生活變得無趣甚至恐怖，除非已經到了三餐不繼的地步。

在台灣，有多少人曾經做過或想過下面的事情：賺了錢，除了想繼續以錢賺錢或痛快消費之外，也能捐一小部分給慈善團體，或者認養一兩個孤兒，甚至拿點錢濟助窮苦的親友？賠錢時，除了哀怨及吵架甚至想辦法再翻本之外，有沒有想過至少身體健康、家庭和樂、生活還過得下去？

又或者說，意外之財（意料中也行）降臨時，除了買房子、購車、買家電以增加物質享受外，有沒有想過買些書或雜誌來看看？多參加海外旅遊的知性之旅而不是購物之旅？沒什麼賺頭時，有沒有想到這反而是多陪陪家人、一家和樂融融的好時機？

做一個很單純的假設。任何一個人，三十歲開始組成一個四口之家，而且活到八十歲，不論是一個人賺錢或夫妻雙薪，甚至小孩長大成人後能有所回饋，總收入四千萬元是很合理的，最不濟一千五百萬也可以過很基本的生活。大部分家庭的收入都是在這個範圍之內，你的家庭在這五十年之內

能賺到一億元，便算是異數了；但如果連一千萬元也賺不到，除非特殊的原因，大概也不容易。

以台灣多數家庭而言，除非大環境有劇烈變動，否則大致就是如此，大富及大貧者終究只是少數。在這一段人生之旅當中，多數家庭投資一定會有賺有賠，每年收入一定有多有少，不論是薪水族或是做生意的都大同小異。既然如此，何必為了一時的獲利就樂不可支？又何必為了一時的虧損而使家庭失和呢？

人的一生，要顧及的事情很多，例如，自己的知識經驗是否充足？夫妻感情是否和睦？子女教育是否成功？對鄰里甚至社會是否有貢獻？對父母是否盡了孝道？至於金錢，只不過生活的一個工具。有錢，就過好一點的生活，並且稍微幫助他人；沒錢，就縮衣節食一點，只要有基本的生活品質就行。

如果太重視金錢，甚至為了錢而破壞生活品質，不僅旁人或家人會有怨言或不滿，自己也會有後悔或想通的一天，只是時候早晚的問題。

我相信，即使是天生的守財奴，在臨終或晚年的時候，也會後悔他這一生喪失了很多，只是有沒有說出來而已。

認清楚人生的本質，財富只是一種工具，而不是目的。有了錢，不妨作為提升物質與精神生活的媒介；錢不多，仍然可以設法過安貧樂道的生活。

願賭服輸
────── 提得起放得下

只要是投資，就一定有風險，不要說是買期貨合約、股票與房地產了，即使是買債券，誰有把握垃圾債券不會出事？放銀行定存，誰敢保證銀行一定不會倒閉？

投資，無非是想賺錢嘛。誰願意拿辛苦賺來的錢，玩一場血本無歸的遊戲呢？可是天下事不如意者十常八九，就連每天上下班開車時，好像遇到紅燈的次數也比綠燈多一些，是不是？那麼，要如何看待投資這一碼子事呢？

在一些武俠小說中，都可以看到類似的情節。老師父一再告誡年輕氣盛的徒弟，想要練功夫，一定要先學會挨上幾拳，然後再去學如何出招。道理在於，人如果能夠先學會如何在逆境中自處之道，至少能夠先求個立於不敗之地，往後在順境中的問題就不大了。

投資的道理很類似。既然投資就是賺賺賠賠，少有穩賺不賠之事，那麼不妨就把它當作一場合法的賭博，先學會如何「願賭服輸」。以後投資真的賠錢了，所學的金鐘罩立即派上用場，不致於來個妻離子散、家毀人亡的下場；如果賺錢了，那麼自然皆大歡喜。

如果你的個性比較「龜毛」，投資「只想」贏而不能輸，或是「只能」贏而不能輸，那麼就放棄玩金錢遊戲的念

頭，好好的把錢存在銀行或郵局中吧。

「願賭服輸」第一招，就是只拿閒錢去投資，而且只拿一部分閒錢。

什麼是「閒錢」？就是自己及家裡多出來的錢，暫時用不著的錢。這些錢也許未來都用不著，也許是準備用來買車、養老之用。那麼，什麼錢不是閒錢呢？向銀行貸款的當然不是閒錢，融資買進賣出的不是閒錢，向親朋好友借調來的不是閒錢，甚至標會所得的也不是閒錢。

用閒錢投資有什麼好處呢？就是它不會擴張信用。打個比方來說好了，如果進了賭場，把身上所有的錢都輸光了，就是只用閒錢；如果仍不甘心，硬要把自己身家性命、甚至妻子兒女都賭上桌，那就不是閒錢，而是擴張信用了。那麼，不用閒錢、擴張信用投資有什麼壞處呢？它只有一個壞處，就是結局會超過自己所能承受的限度。以較具現代感的說法就是「糗大了」、「踢到鐵板了」。

在使用閒錢投資時，必須要考慮的一點，就是用多少閒錢？例如，家裡可以活用的錢有二百萬元，雖然短期內用不到，但是將來可能仍要用它來換車、給小孩唸書、繳交保險費、或是養老等用途。這些錢嚴格來說並不算是真的閒錢。真正的閒錢，指的是用不著、並且輸得起的錢。

許多在股海中傾家蕩產者，便是違反了這個原則。最明顯的例子，就是融資或是借貸。

以投資股票五百萬元、而股票腰斬為例。五百萬元中有

兩百萬元是用自己的錢，在腰斬後只剩下一百萬元；五百萬元中，融資為三百萬元（上市公司的融資成數為六成，上櫃為五成；上市與上櫃公司融券保證金成數均為九成），這三百萬元只剩下一百五十萬元，而且證金公司在融資維持率不足時還要追繳金額（不則以當日跌停版的價格斷頭賣出），甚至要繼續支付6.95%的融資利率。因此，此時股票的損失來自於四方面，即本金的損失、融資金額的損失、斷頭賣出的損失、融資利率的支付。也正因為如此，許多喜歡融資買股的投資人，一旦操作金額過大（超過自己資金調度的能力）及損失過於預期時，就會遇到本金及融資雙雙縮水、證金公司發出追繳令、股票遭斷頭、償還利率等諸多壓力，最後的結果當然不問可知。

「願賭服輸」的第二招，就是當它沒有了。

譬如說，投資海外基金新台幣二百萬元，當收到銀行寄來的對帳單，赫然發現虧了一半，只剩下一百萬元。這時候，要做的事情不是哭天喊地，也不是咒罵基金公司，更不是找配偶小孩出氣，而是當這一百萬元沒有了。

哭天喊地，不但於事無補，哭壞了眼睛，還得花錢去看醫生；咒罵基金公司，不但沒品，基金公司也絕不會賠你一文錢；拿家人小孩出氣，鄰居會暗將貴舍封為「兇惡之家」，避而遠之；如果還一直眼巴巴的指望這一百萬漲回來，那也不必了，因為可能再過兩個月，又會發現它多虧了二十萬。

當然，也可以用處變不驚的態度，做出停損賣出、贖回的動作。但是，要記住的是，既然是用閒錢投資，頂多也只是虧掉短時間用不著的錢，還不至於立即影響生活支出，除非是遇到地雷股，不然就放著吧，也許哪一天會遇到「柳暗花明又一村」的時候。

如果閣下真的做不到願賭服輸，但是又對投資極感興趣，那麼最後的一招便是保本了，也就是投資於保本型的工具了。目前市場上保本的代表性投資工具便是定存及債券（加權股價指數四千多點之下的績優股其實也具有相當的保本的意義，只是許多投資人已聞股而色變？）。新台幣定存不論利率多低，至少總有那麼一點利息，而且至少不會虧本；至於外幣定存雖然略有風險，但是盈虧幅度通常遠低於股市，而且在出國結匯時會有許多好處。債券（不論是債券或債券基金）當然也是穩定收取略高於銀行利息的投資方式（投資較高風險的垃圾債券例外，這種債券的利息較高，但是也有無法償債的風險），例如，當前紅極一時的連動式債券，便是因為兼具保本與增值潛力而頗受投資人的青睞。

> 投資，有一定的風險，獲利與風險的關係絕對是呈正比的。如果希望投資賺大錢，就一定要先有願賭服輸的心理準備，就如同學武之人宜先有挨打能力一般。

有哪些人只贏
——不輸？ 誰是莊家？

多少人在股市中賠慘了，可是誰穩賺不賠？當然是政府，因為證
交稅由此而來，其次是號子，因為手續費是其財源。多少人買共
同基金也損失不貲，但是誰卻照常獲利，當然是基金公司，因為
基金操作手續費絕不會因為你的虧本而少收一毛錢。

很多投資人都會發現一件事：在空頭時賠得很慘、多空
交戰時則小賠、多頭時也未必能賺到預期多的錢。為什麼？
除了運氣與實力之外，莊家吃閒家也是不可忽視的因素。

就像賭場一樣，賭客在經年累月的轉戰之後，常會發現
十賭九輸，最後才發現錢大多被莊家賺走了。

如果你是投資股票，政府一年至少數百億元的證券交易
所得稅從何而來？台灣數百家的號子收入又是取自何處？不
是別人，就是普羅大眾的投資人。

假如你是投資共同基金，除了照樣要付證交稅與手續費
之外，投信另外要向你收取看得見的基金手續費、及看不見
的管理費。如果你始終對基金淨值不滿意，除了經理人團隊
的操作績效因素之外，不妨想想每個月的確是被扣掉一些
錢。

為什麼會有這種現象，說起來再天經地義也不過了。政
府辛辛苦苦建立股票交易市場，不但搞個證券交易所，而且

還要全面電腦化，不從千分之三證券交易稅賺它個幾文錢怎麼行？各個證券公司都是花了大錢集資成立，而且還要養一大堆專業人員，不由千分之二‧八五的手續費撈一下，豈不虧大了？

投信公司亦復如此，除了公司的一般職員之外，旗下每支基金都要養一個操作團隊，由經理人開始一直到研究人員，少則數人，多則十數人，哪一個不是學有專精的財金專業人士，哪一個豈是月薪三、五萬元就可以打發的？在這種情形下，不從投資人的手續費、管理費賺取利益，豈不「有違天理？」

投資市場上是很現實的，有人賺錢就有人賠錢。只要政府、號子、投信等莊家賺的錢愈多，相形之下就有愈多的人賠錢，這是很簡單的道理。如果你能認清楚這一點，至少在賠錢時心理會好過一點、或是舒坦一些。

當然，如果是為了莊家只贏不輸的因素，而讓人有放棄投資股市或共同基金，也未免過於因噎廢食。比較務實的做法，毋寧是減少一些讓莊家「大小通吃」的機會。

怎樣做才能讓莊家少賺一點大家的辛苦錢呢？

很簡單，減少一些買賣股票的次數就行了。例如，原本平均每週都要完成一次買進與賣出的動作，想辦法延長為平均每兩週一次。原來每個月都至少進出一次的人，設法改為兩個月進出一次。

對於那些實在忍不住經常買進賣出的投資人，要他減少

進出次數，可能就像要求癮君子戒煙一樣困難，那麼就儘可能地獲利才賣（有太多的人是設停損而賣出，事後又後悔不已）。如此既能善盡國民納稅的義務，自己又能賺上一筆，也算是兩全其美、皆大歡喜之事了。

對於投信所發行的共同基金，被扣手續費及管理費是打死也逃不掉的命運，投資人唯一的自處之道，就是盡量選擇投資報酬率能夠打敗大盤的基金。共同基金即使因為景氣因素，而不能保證穩賺不賠，那麼以其所養的一批金融投資菁英，要求他們打敗大盤加權指數的投資報酬率，應該不算過分吧。

如果投資人能夠找到經常打敗大盤績效的共同基金，儘管不可避免的要「孝敬」一些費用，但是至少可以達到一個效果，就是讓你在多頭時多賺一些，在空頭時少賠一些。

散戶真的很辛苦，既要和其他的散戶戰鬥，更要和大戶、法人競爭，甚至還要受到來自政府及證券業者等莊家的「抽頭」，能不敗下陣來者幾希？

面對莊家，做為一個投資人的你，既然不可能逃離他們的「魔掌」，但是至少可以想辦法離開「暴風圈」遠一點。對於經常進出的投資人而言，莊家的殺傷力可能像是個強烈颱風，較少進出的人則只是遇到一個輕度颱風或熱帶低氣壓而已。

　　任何一種投資方式，都有莊家的存在。不論獲利或虧損，都有一定的金錢為莊家所收。選擇減少莊家利潤的方式，就易達到多賺或少虧的目的。

理財**的**眞義
────────── 還給它一個清白

股票、共同基金、房地產、黃金、期貨、銀行定存、信用卡、保
險、節稅、保證金交易，都是理財工具。消費，當然也是理財的
一環！

　　一般人都說「投資理財」，久而久之好像「投資」和
「理財」就二者合一了，其實兩者是不一樣的，理財的範圍
大多了。

　　投資，就是希望以錢賺錢。例如，買股票當然是投資，
因爲希望獲得股利股息及差價，而且最好能讓本金翻上幾
翻。

　　以下，舉幾個多數人較熟悉的例子：

　　共同**基金**，自然也是投資，不論是單筆或定期定額，都
希望在申購之後淨值能扶搖直上，然後在高點時贖回獲利。

　　房地產，可以是投資，也可以不是投資。什麼時候算是
投資呢？就是買了房子之後，希望房價能攀升，然後用自賣
或者委託仲介公司的方式，賣掉房子狠狠賺它一筆。什麼時
候不算是投資呢？就是房子是供給自己及家人使用，並不打
算隨時賣掉獲利；如果是基於換屋而賣掉，即使有賺到差
價，也不算是投資。

　　擁抱**黃金**，大約有三個目的。第一個目的就是投資，曾

經有一段時間，黃金由於市場需求量大而缺貨，導致黃金成為極佳的投資獲利工具，但是後來由於黃金開採技術的進步及若干國家大舉拋金，使得黃金價格的走勢很難「重振雄風」。第二個目的就是保值，尤其是在戰爭或政治動亂時，黃金由於其稀有性及容易變現，比紙鈔更具保值性，例如，美國在2001年9月11日遭到恐怖份子以飛機衝炸世界貿易大樓及國防部，就立即引發全球金價快速上揚；由於金融體系的發達及資金流動方便，「彈指之間」就能讓自己的錢四通八達，更可以隨時匯兌成各種外幣，因此黃金的保值也大幅降低了。第三個目的，就是賞玩的價值，相對於比較「俗氣」的條金及塊金，用黃金製成精美的各種飾金，擺在家中或辦公室，可以達到賞心悅目的目的。

期貨，雖然原始的目的是避險而不是投資，但是對於一般投資人而言，期貨當然是很標準的投資工具。期貨，顧名思義可以解釋成遠期貨品，就是廠商或生產者擔心未來的商品價格變動太大，所以就先約定一段時間後以某一個固定價格成交，這個道理就類似有些人喜歡固定利率甚於機動利率。

銀行定存是投資，只是它屬於防禦性的投資，因為它的獲利來源是利率，而利率的高低絕對是在一個範圍之內，尤其是當前持續走低更難以令民眾滿意。可是銀行定存的好處，在於它幾乎不會虧損，在台灣也還沒有因為銀行倒閉而錢去也的先例。

信用卡就不算是投資了，因為信用卡主要的目的是消費，甚至是「誘惑消費」及「過度消費」。因為先購物再付錢，絕對是人性購物慾的剋星加殺手。在投資方面，儘管目前有銀行推出信用卡買基金的服務，但是終究繞了一個大彎，並不算是投資的工具。

　　保險也不是投資。保險的主要功能是避險，是希望在生、老、病、死的時候，能夠拿到一筆不小的金錢，讓自己及家人的生活無後顧之憂。保險的給付並不是獲利，它比較像是一種賠償。當然，保險中有儲蓄型的保單，甚至也有投資型的保單，但是它們終究是附屬於人身保險的架構之下，並不算是投資。

　　節稅，是減少支出，也不算是投資。例如，每人每年可以獲得法律上一百萬元贈與免課稅的優惠；捐贈慈善事業及競選經費也可以列舉扣除；甚至遺產稅都可以透過會計師或律師避得一乾二淨。但是，節稅不管從哪方面來看，都不是投資，充其量，節稅可以省下一些錢作為投資之用。

　　保證金交易，是非常具有攻擊性的投資工具，就是因為攻擊性太強，容易血本無歸的弱點也就暴露無遺，因此它是一種大起大落的投資。保證金交易的最大特色，就是高槓桿操作，也就是十萬元可當成五十萬元甚至一百萬元，這種以一當十的投資出擊，經常造成「出師未捷身先死，常使英雄淚滿襟」的悲劇。

　　以上包括：股票、共同基金、房地產、黃金、定存、信

理財相對論

用卡、保險、節稅、保證金交易，有的屬於投資行為，有的則不是投資。但是，它們全都是理財的一環。

理財，就是「處理錢財」，也就是說，凡是與處理錢財有關的行為都是理財，甚至可以說，消費也是處理錢財，自然也是理財的一環。

其實，理財不外乎「錢進」與「錢出」，其中就涉及了投資、消費及其他如買保險、節稅等。因此，可以這樣說，「理財」是一棟大房子，「投資」只是其中的一個大房間，「消費」也是一個大房間，另外則還有其他很多個諸如「保險」、「節稅」等的小房間。

> 投資與理財並不相同，投資只是理財的一環。投資是以錢賺錢，理財則是處理錢財。現代人不只應該學習投資，更需要知道應該如何善於理財。

理財可以不是學問
———— 理財可以不比吃喝玩樂更難

一般人總認為投資理財是專門的學問，不是市井小民能一窺究竟的，其實理財就是生活，它並不見得會比吃喝玩樂來得更專業。

一般人談到投資理財，沒有興趣的很容易打瞌睡，即使有一點興趣的人，也經常會被一大堆的名詞嚇得裹足不前。其實，投資理財就是人生的一部分：通常沒有什麼人希望日常生活太複雜，那為什麼不能讓投資理財變得輕鬆一些呢？

先丟開投資學上的一些大道理，也不要管那些多如牛毛的金融名詞。就讓我們先從生活的點點滴滴去看理財這一回事吧。

先看看股票。

夏天來時，是不是大家都會想買一點荔枝來吃，而且一想起即使楊貴妃也不容易吃到既新鮮又冰涼的荔枝，心中就油然而生一種快感。可是，在初夏時荔枝因為還沒有到豐收期，價錢一定很貴，因此多數人都知道稍安勿燥，等到六、七月份再買荔枝就會「俗擱大碗」了，不是嗎？

買股票時，如果大盤行情來到萬點以上時，就有點像四月份的荔枝，又貴又不好買，即使忍痛買來吃，心中又覺得實在不划算。如果你能晚半個月、一個月再去買既便宜又好吃的荔枝，為什麼不能等股票跌一些再買呢？

再看看**房地產**吧。

二、三十年前蘋果是限制進口的，當時只要是美國、日本進口的蘋果，無不成為高級禮品，能夠咬上一口，保證能夠吸引旁人羨慕的眼光。後來隨著蘋果進口限令解除，市面上的水果攤堆積如山，價格當然也就大眾化了，甚至「五個才X元」還賣不出去的哩。

投資房地產也類似買蘋果，當初住宅蓋得少時，房價容易有飆升的空間。可是一旦建商如雨後春筍般的設立，台灣和都會區拚命興建高層住宅後，房子就與蘋果隨處充斥一樣，變得毫不稀奇，此時投資房地產，回收當然就難如登天，免除套牢命運者，幾家能夠？

投資**外幣**呢？

再看看過去台灣的一些政經變化。民國六十年退出聯合國時，大家都很緊張吧？一九九五年起中共兩度試射飛彈時，台灣民眾也有些夜不成眠吧？現在正逢經濟不景氣，大家拚命往大陸跑，不是嗎？遇到這些大家感到不安的時候，當然就是投資美元定存的時候。至於台灣以往股市、房地產大漲，經濟成長率屢創新高的時候，當然就是守住台幣、賣掉美元的好時機了。換句話說，只要你對於台灣的環境還有那麼一點點的敏感度，當然就知道該買美元賣台幣、或是賣美元換台幣了。

保險呢？

不論你是男或女，是不是常常想，萬一蒙主寵召後，應

該要留一點錢給家人？有了這樣的想法，就會想辦法存點錢，將來兩腿一伸時，家人就無後顧之憂了，保險（壽險）就是提供你除了自己存錢以外的另一個管道。如果你想多留一點錢，就買一張理賠金額比較高的保單。如果你有一些疑慮，例如，覺得遲早會得癌症、或是擔心哪一天搞不好會出個車禍等意外、或是害怕那一天會因生病而無法承擔手術及住院的自付額，那麼就買一張獨立的保單、或是以附約的方式加保。

在買保險時，比較麻煩的是，大多數人都不會精算，也就是搞不清楚保費、保額與權益三者之間的關係。這就好比你永遠也搞不懂為什麼有些車子感覺很貴，有些車子又好像很便宜。但是買保險時有一個好處，就是你可以將自己的需要很明確地告訴不同的經紀人或業務員，由他們提出精算。只要你覺得他們的服務態度差距不大，那麼在保額相同、權益相似的情形下，保費誰高誰低就一目了然了。

要知道，理財就是生活。如果你已記住了一大堆各種車廠及車型的名稱，也對各種名牌服飾耳熟能詳，為什麼就不能記住一些必須知道的理財名詞？如果你自覺對投資買進賣出毫無概念，不妨就當購物一般，揀便宜貨難道還需要別人來教嗎？如果你對投資什麼（買哪一支股票、基金、保單、住宅、定存）毫無定見，那麼你當初是如何買車子、電器的，難道沒有多方打聽或研究一番才決定的嗎？

投資理財，如果是財經專家，當然會扯出一大堆的學

理財 相對論

問。一般人，把它當作生活的一部分就行了，道理都是相通的。想投資理財，卻被一些「名詞障」、「理論障」而嚇退，那可眞是天大的冤枉。

不論是投資及理財，學習起來其實都不算太困難，重要的是方向要對。學的太多或太廣未必一定有用，有時甚至容易讓人鑽牛角尖；學習基本而必要的知識、並且正確的運用，不但輕鬆而且實用。

理財IQ 與 EQ
何者重要？這是蠢問題

你比較喜歡爸爸還是媽媽？現在小孩連這種問題都懶得回答了。

　　理財IQ與理財EQ，隨著每個人的觀點不同，當然會有不同的解讀。我的看法，理財IQ就是理財知識（當然也包括了天生的敏感度），理財EQ就是理財情緒，兩者是不可偏廢的。兩者結合、相輔相成之後，就會昇華成為理財智慧，就好比武俠小說常描寫的「打通任、督二脈」，從此自由自在、無拘無束的悠遊於理財世界之中。

　　有人常喜歡逗小孩，問他「你喜歡爸爸還是媽媽？」這是一個蠢問題，當然通常兩個都喜歡，沒有什麼好「分高下的」，如此家庭才容易和諧。另一個相似的問題是「英文與數學何者重要？」這也是個笨問題，因為兩者都很重要，一定要區分何者「比較」重要，是沒有什麼意義的事情，因為兩者都對學生的成績很重要。同樣的理財IQ與理財EQ兩者，不但不宜放在天平上秤重量、分高下，反而應該同時追求兩者，而避免顧此失彼的後遺症。

　　如果只有理財IQ，但是欠缺理財EQ，會有哪些「凸搥」的情形呢？

　　☆有投資專家看好總統大選前的萬點指數，認為是十年來首見的大多頭行情，而積極鼓勵投資人進場，可是

結果呢？

☆有教父級的電子業領袖，曾經發表某種產業至少有十年的好景，因而帶動股價屢創新高，但是就在極短的時間裡風雲變色，相信專家的投資人事後心中做何感想呢？

☆很多專業的保險業務員，一直鼓吹保戶投資具有儲蓄、增值、還本的壽險保單，乍聽之下讓人難抵誘惑，可是在繳了幾年高額的保費之後，才覺得不划算，可是又陷入「續繳不甘心，解約怕損失」的兩難尷尬處境，保戶心理又是什麼樣的滋味呢？

再看看，如果只有理財EQ，而欠缺理財IQ，又會發生哪些「踢到鐵板」的情況呢？

☆認為投資市場是風險極高之地，因為深怕套牢、虧損而視投資為畏途，因而錯失投資績優股、長期持有、逢低買進的獲利機會。

☆以自己過去投資經驗為準，認為可以放諸四海而皆準，但是欠缺對投資市場新趨勢的了解及掌握，很容易被主觀所誤導。

☆過份重視自己的投資情緒，無視於投資市場的專業知識，也很容易陷入見樹不見林的泥淖。

最慘的是，既沒有理財IQ，也沒有理財EQ，那麼結局只有阿彌陀佛、老天保佑不要出現以下的情形了：

☆自己不研究投資市場，只是一昧的聽信明牌，終於成
　為標準的「轎夫」。

☆一窩蜂追高、恐慌性殺低，最後結算下來血本無歸。

其實，理財IQ與理財EQ絕對是相輔相成，兩者一旦結合
就會昇華成「理財智慧」。為什麼？理財IQ無非培養出「定
見」，理財EQ就是磨鍊出「沉穩」。有定見，就不容易被人牽
著鼻子走；沉穩，就不會經常患得患失。例如：

☆投資股票，哪些股票好與差、價格高與低、發展佳與
　劣，都因自己理財IQ而有定見。面對任何投資專家的
　說法，都只做個參考，與自己的觀點相互作個印證。
　在後續發展上，由於有理財EQ而穩得住，如果賺到了
　錢，就會心一笑；假使賠了，也不會怨天尤人，而自
　信終有柳暗花明的一天。

☆買保險，因為有理財IQ而生定見，因此不會被業務員
　牽著鼻子走，甚至可以主動說明自己希望投保的條
　件，例如，保費與保額範圍、給付及保障標準、解約
　及理財的條件等。由於理財EQ而把持得住，不會因為
　人情的關係而就範。

☆投資外幣，因為理財IQ而有一己之見，找出新台幣未
　來升貶的理由，就不容易受到央行偶進場調節、投資
　客及貿易商不定期買賣的干擾。更由於理財EQ而如泰
　山般的穩定，無視於短期內的風風雨雨，深信自己終

會成為一個波段的贏家。

☆銀行定存，因為理財IQ而有既定的看法，眼見低利率時代來臨，不論是否以其做為主要的資金存放處所，心中都有一個想法。因為理財EQ而不容易朝三暮四，一下子抱怨利息太低，一會兒又覺得其他的投資工具風險太高。

☆買房子，因為理財IQ而不容易吃虧，能夠自行判斷出國內住宅供需失調、欲購住宅的條件及合理價位。由於理財EQ而不會盲目投資，即使事後房價仍居谷底也照樣甘之如飴。

事實上，理財IQ與理財EQ可以說是一脈相承、互為因果、甚至是一體兩面的。因為有理財IQ產生的定見，所以事後理財EQ的沉穩才派得上用場；也因為理財EQ具有不動如山的定力，也才能讓理財IQ好整以暇的思考投資作戰策略。

就如同武俠小說中的武林高手，先在少林、峨眉、武當等處學得一技之長（IQ），下山闖盪江湖時，能夠自持一山還有一山高、勝不驕敗亦不餒等修養（EQ），有朝一日終能成為武林一代宗師。投資亦復如此，理財知識培養出的定見，輔以理財情緒所磨鍊出的沉穩，終能昇華出的理財智慧，而悠遊於「投資江湖」的大風大浪之間。果能如此，即使是資金稀少的散戶，也能塑造出「投資大師」的風範。

理財IQ＋理財EQ＝理財智慧，可以讓人揣摩、思考空間

是如此之寬廣。希望擁有理財智慧的人，一天能比一天多。

　　理財IQ與EQ都很重要，兩者不可偏廢。如果一定要作區分，可以這樣說，有了好的EQ，比較不容易壞事。

別被**數字**及**名詞**唬住了
—————— 財金其實很簡單

不論是財政、經濟、金融知識，除了非拿到博士學位不可之外，這些知識其實都可以很簡單。只是專家有時候並不知道，如何讓一般人很容易的就了解。

　　一般人一提到財金，感覺上可能只比聽到物理、數學好一點點，因為直覺上總認為財金不外乎是一大堆的數字和名詞。一談及投資，也總覺得充滿了專業知識。不論是財金也好、投資也罷，其實道理都是淺顯易懂的，因為都與「人」有關，也脫離不了「人性」。財金及投資，其實可以一說就懂；至於細節，就留給專家吧。

　　多數人所需要知道的財經、投資，大概只有以下幾件簡單的事情，你應該不會覺得太難吧？

　　第一個知識，就是大家都耳熟能詳的股市。

　　這個世界上，不可能每一個人都拿薪水，因為總要有人付薪水吧，這種人就是企業的老闆。不是每一個老闆都是含著金湯匙長大的，而且需要創業。創業時一定需要銀子，如果向銀行借，不但要付利息，而且還要抵押品，實在很不方便，因此讓公司的股票上市或上櫃，向社會大眾借錢，成本低了太多，何樂而不為呢？因此股市就叫直接金融，銀行反而成了間接金融。

　　股票上市公司家數何其多，憑什麼可以獲得投資人的青睞呢？當然要有實力，實力就是能讓投資人覺得公司有獲力能力，因此能讓投資大眾藉由配股配息而嚐到甜頭；另外也因為公司經營得當，股價一直有揚升空間，因此投資人亦能賺到賣股票的差價。

　　由於上市公司的資金是來自於投資大眾，因此有義務、也有法律責任，對外公布經營情況，因此每月、每季都會公布財務報告，清楚交待公司的營運內容及盈虧數字。投資人也根據這些報告，決定是否值得繼續投資。因此，任何上市公司的前景是光明或黑暗，就取決於自己的經營績效了。

　　良好的股市互動，對政府、上市公司及投資人都有好處。政府的好處是收取證券交易稅（另外對證券交易所得稅也「哈」死了）、上市公司的好處是源源不絕的獲取投資人的資金、投資大眾的好處則是享有賺取差價或是配股配息的好處。

　　第二個知識，就是匯率。

　　每一個國家當然都使用自己的貨幣，但是國與國之間的交流愈來愈頻繁，民眾出國時就不好再用自己的國幣、進出口商在做生意時也不能一律只用新台幣，因此就發生了新台幣要和美金及其他外幣互相使用的情形。

　　全世界有一百多個國家，貨幣也有幾十種，新台幣和各種外幣如果一一決定匯率，豈不煩死人？因此台灣只能選擇最簡單的一種方式，就是先決定新台幣與美元之間的匯率，

理財相對論

至於其他的外幣，就看美元與它們之間的匯價再作換算就可以了。

因此，美元與日圓、英鎊、法郎、馬克、加幣、歐元甚至人民幣之間的匯價關係，一概不關台灣人的事，反正只要知道新台幣與美元的關係，其他的就看美國紐約匯市的每日結果加以換算就成啦。

那麼，新台幣和美元要如何換算呢？又由誰決定呢？怎麼好像每日的匯率，你我一點都插不上手呢？因為，新台幣與美元的匯率關係，是由台北及元太兩家外匯交易公司中交易所訂出來的。

能夠影響外匯交易公司運作的，當然都是大有來頭的。第一種是進出口商，其中出口商賣東西後得到一大堆的美元，可是在台灣卻不能直接大量使用，只好換成新台幣，進口商必須支付外商美金，因此也需要將新台幣換成美元；第二是外資，不論外國人要投資台灣股市、或是要來設廠，都需要匯進大量的美金來台灣，再換成新台幣使用；第三是銀行，銀行不論是自有資金、或代表民眾，也都常在外匯市場上買賣外幣；第四是中央銀行，多年來央行以政府新台幣資金，換取出口商所賺取的美元，而形成高額的外匯存底。央行便常基於穩定金融的目的，而視情形買賣外幣以做調節。

外匯市場上最受矚目的，當然就是新台幣升貶走勢了。什麼因素會使新台幣升值呢？簡單來說，就是新台幣的需求大於供給時，例如，出口商大量把美元換成新台幣時、外資

大量匯錢至台灣時、央行大量拋售美元時。或者說，當台灣股市發燒時、台灣投資環境看好時，民眾對台灣極有信心時，新台幣當然就容易升值了。反之，就會發生新台幣貶值、美元升值的情形了。

第三個知識，就是財稅。

政府就像家長一樣，經常要傷腦筋一個家庭的生計。最重要的，就是收入要高於支出，不然就叫寅吃卯糧了。

政府的收入、支出是可以互為因果的。也就是說，如果支出少，就可以少收點稅；如果支出多了，當然就要想辦法從各種管道「撈錢」了。

政府從何收錢呢？最重要的來源當然是各種稅，因此便有「中華民國萬萬稅」的說法，另外也從公營事業盈餘繳庫、發行公債、收取規費、變賣土地等多種方式進行。

讓我們來看看中華民國萬萬稅的情形。政府的稅收中，金額較大的包括：營利事業所得稅、綜合所得稅、營業稅、證券交易稅、貨物稅、關稅、土地增值稅，其他還有你可能較少聽過的礦區稅、遺產稅、贈與稅、期貨交易稅、印花稅、使用牌照稅、地價稅、房屋稅、娛樂稅、契稅、教育臨時捐、公賣利益等，這些稅用五花八門來形容應不為過吧。

至於政府支出，當然就是養全國的軍公及部分教育人員。實際上，則是再分成國防、教科文、交通、經濟等多項預算。

近年來比較麻煩的是，由於不景氣，使得政府稅收縮水

不少，可是撙節開支卻總如口號般的只聞樓梯響，不見人下來。許多政府官員依舊出國考察、請客吃飯，到最後沒辦法時，只好一再設法提高舉債的法定上限，反正政府與老百姓差不多，有時真的是債多不愁，反正欠的錢以後慢慢想辦法就是了。

第四個知識，就是債券。

除了民眾個人不能以債券來借錢外，政府及公民營公司都可以，大致上，政府發行的就叫公債及國庫券，公司發行的就叫就公司債，當然實際上還有其他林林總總的債券形式。

不論政府公債、公民營公司的公司債，基本的運作道理都一樣。就是我用債券向你借錢，先付你利息，到期後才還給你本金。原則上，債券的利息都要比銀行定存稍高一點，否則就沒有誘因；而且，公債的利息要比公營公司的低一點，公營公司的又要比民營的低一點，信用佳的民營公司又要比信用較差的利息低一點。簡單的說，信用愈好的債券，利息就愈低，因為政府公債及公營事業公司債就像「鐵票」一樣，不但到期時鐵定拿得到錢，而且平時缺錢時還可以質押；民營公司債就不一樣了，很可能過個幾年因為經營出狀況而成為「垃圾債券」，就像買到地雷股變成壁紙一般。

投資債券與買股票一樣，都是可以買賣流通的。投資債券與股票都是可以賺差價的，當然也都可以長期持有而坐享利息。債券既然可以買賣，當然也就有價格。債券價格當然

觀念篇

也會有高低起伏，指標只有一個，就是「利率升、債券降」或是「利率降、債券升」。原因很單純，因爲原先債券就有一個比當時銀行定存稍高的既定利息水準，隨後如果景氣好而致利率升高時，債券原先議定的利息相較之下就等於是下降了，那麼隨著利潤降低自然導致債券價格下降了。反之，當利率下降時，債券原先的利息等於更高了，其價格當然也就水漲船高了。

第五個知識，就是銀行。

現在，銀行的業務愈來愈多，但仍然是以存款、放款爲兩大主軸。銀行最簡單的存在理由，就是我用較低的利息向你借錢，然後用較高的利息借錢給他，用兩者之間的利息差距，做爲發放員工薪水、股東分紅、保留盈餘的來源。

當然，銀行的業務可用「族繁不及備載」來形容。就讓閣下傷點眼力吧，銀行除了存、放款之外，其他的業務還包括：受託經理信託資金、發行金融債券、票據貼現、投資有價證券、投資生產事業、投資住宅、辦理國內外匯兌、辦理商業匯票承兌、簽發信用狀、辦理國內外保證業務、代理收付款項、承銷及自營買賣有價證券、擔任股票及債券發行簽證人、受託經理各種財產、買賣金銀塊及外國貨幣、與金融有關的倉庫及保管、其他經主管機關核准的新興業務如信用卡、網路銀行等。這些業務是不是很複雜，沒關係，看過就忘記也沒什麼大礙。

民衆應該要知道的，就是銀行會賺兩種錢，而且都與你

我有關。第一種錢，就是拿你的存款借給別人，然後賺取其中的利息差價；第二種錢，就是拿你的存款去做投資，然後獲利。當然，最近以來由於遇到不景氣及銀行內部作業漏洞，頻頻遇到高額呆帳及投資虧損，銀行這個精打細算的行業也算是踢到鐵板了。

民眾在與銀行打交道時，最重要就是掌握兩個原則。第一個原則，就是存款要儘量選擇利息高的銀行，甚至包括定存解約時損失較少的銀行；第二個原則，就是要儘量少貸款，不論是房貸、車貸、融資、信用卡（包括循環利息、預借現金）、信用貸款、因為一借錢就要付利息。如果不得不貸，就要想辦法貨比三家不吃虧，選擇利息最低的銀行，或是與經常往來的銀行商量能否給點優惠。

第六個知識，就是保險。

保險的原始意義，就是大家的錢放在我這裡代管，其中有人遭到不幸時，就由大家的錢給予救濟。至於大家要擺多少錢、發生事故時能拿多少、未來能拿回來多少，就要由保險公司進行精算了。

可是，保險公司絕不是省油的燈，絕對不會只拿個保費代管費就會心滿意足了。保險公司通常會賺兩種錢，一個是利差，另一個就是解約金。

由於保險能夠提供保障，因此在保戶繳交保費之後，保險公司當然可以義正辭嚴的不付利息，可是卻可以將每年所收取的龐大保費，在扣取了理賠支出（經常發生理賠糾紛）

後投資生利息，而做爲保險公司的獲利來源。

另外，保險公司的一大堆「軍師」幕僚，千方百計的設計出新的保單，冠以投資型、保本型、還本型、儲蓄型、養老型、增值型，並且透過第一線的保險業務員或跨公司的經紀人，大力鼓吹這些保單的效果及利基。如此做只有一個目的，就是爭取保戶繳交大量的保費，日後一旦保戶無力續繳而解約，勢必就會損失一筆金錢；即使未必心甘情願的繼續繳交，那麼也就只好繼續對保險公司扮演金主的角色了，而以錢賺錢正是保險公司的拿手絕活。

以上所提及的證券、外匯、財稅、銀行、保險，都是財金的身體手足。儘管看似專業，實際上並不難懂。其實，財金、投資、理財都是人生的一部分，很難脫離人情世故。你可以把它們當成陌生人敬而遠之，當然也可以當成僕人隨意使喚，你希望選那一種呢？

財金知識可以很深奧，也可以很簡單。化繁爲簡的法門是：不要被專有名詞嚇到了、用人之常情思考、再加上一點點的進修，就不會是財金的門外漢了。

先知與後覺
——多看未來，少想過去

任何一個行業的成功者，多半是往前看，失敗者則較常回頭想。
如果不是這樣，那每一個熟讀歷史的人就一定成功了。

談投資，有好多的經驗可以追循，可是失敗的案例卻又
不勝枚舉，而且在我們的眼前、耳中經常發生；談理財，有
太多的金科玉律，教導我們要有金錢的觀念，可是又有太多
的人花錢如流水，讓財富從指縫中流出。

投資，可以從很多來源中獲取知識及經驗。可以從經濟
系教授及財金專家所寫的書中獲取，也可以從報章雜誌中得
到，更可以由投資前輩的口述中學習。如果歷史經驗及學術
知識是獲利的保證，那麼財金專業人士一定賺得比一般人
多，投資前輩又應該會比後生晚輩來得十拿九穩了。可是，
事實上又好像不見得全然是這麼回事。

舉幾個例子來看看。

第一個例子，當電子股當紅的時候，大家都看好其後
市。回想當初有些人以低價買進晶圓代工、DRAM、IC設計
等股票而大賺一筆時，誰能對這樣的股票不動心？又有多少
人能自我克制，不買個幾張等著發筆小財？

如果是以「過去」的觀點來看，當然會認為晶圓代工還
有十年以上的榮景、電腦的全球需求量居高不下、DRAM的

使用量水漲船高，因此與電腦有關的科技股當然具有高成長性。但是，如果以「未來」的觀點作思考，難道投資人不會想想每個家庭及公司對電腦的需求會永無止境嗎？過去電腦公司的高獲利難道會一直持續下去嗎？如果大家都有了電腦之後，電腦公司的股票就不會隨著電腦買氣的趨緩而受衝擊嗎？很不幸的，電腦業後來的確就敗在國際「需求趨緩」這四個字上面。

再舉一個類似的情形，當網路股一飛沖天的時候，即使股價已遠離本益比的觀念，但是追價者趨之若鶩，由起漲點翻上兩番、三番甚至五番、八番者比比皆是。亞馬遜書店、雅虎等公司不都是這樣的例子嗎？台灣雖然甚少有純粹的網路股，但是恨不得手上有幾張美國網路股的人，大有人在。

由「過去」的觀點來看，有太多的投資專家鼓吹網路的革命性與未來性，包括：網路廣告、網路銷售、網路收費、網路仲介等的網路商機潛力無窮，樂觀者認為網路商店會取代相當部分的傳統商店，甚至網路商業會很快地與傳統行銷通路分庭抗禮。但是由「未來」的觀點來看，網站及網路公司能夠賺錢者幾希？這些公司難道能夠一直不受本益比的考驗嗎？網路業者持續不斷的「燒錢」，究竟能夠燒到什麼時候？華倫‧巴菲特絕少買電子股與網路股，難道不是由於他無法接受與本益比背離的投資法則嗎？當然，網路股隨後紛紛應聲倒地，就是出在「獲利不佳」這四個字上面。

過去許多人一直倡導有土斯有財的觀念，我們也看到了

許多因為炒作房地產而致富的例子。在台灣，民國七十九年之前的那一段時間，房地產一直與快速致富劃上等號。

從「過去」的觀點，當然會認為台灣地狹人稠，以「人」會不斷生出來、「土地」卻不會再生（海埔新生地實在派不上什麼用場）的概念，使很多人看好台灣房地產價格的漲勢。買一戶房子，短則數月，多則一年，賺個五成甚至一倍，還有什麼其他的投資工具可以望其項背呢？但是以「未來」的觀點來看，房地產的神話當然可以幻滅，原因很簡單，隨著價格節節高升之後，如果大家都買不起或不太想買，那會如何？雪上加霜的是，建商因為普遍看好房地產的增值性、實施容積率管制而拚命興建住宅，在供過於求的情形下，房地產的未來性又如何能夠一直是「漲停板」呢？

論投資，上智與下愚，先知與後覺，賺錢與賠錢，當然是不同的。其中有一個很重要的因素，就是前者看得到「未來」，而後者則過度重視「過去」。

人類的歷史很有趣，不論是政治、經濟、軍事、社會，雖然有所謂的「歷史重演」，但頂多只是「類似」，而絕不可能「雷同」。更重要的是，即使是歷史產生了諸多的「類似」，那也經常是後人在看了歷史後才有如此感覺，當時的「劇中人」則可能完全沒有這種類似的想法。

如果歷史真能發揮作用，那麼戰爭便不可能經常發生、政治人物不會一再發生重大錯誤、人們也會變得愈來愈有智慧。但是，事情真是如此演變的嗎？舉個簡單的例子，如果

你去找十部有關賭博的電影來看，或者連續去賭場看個十天，頂多只能讓你對賭博更加熟悉，但是卻難以讓你因此而變成常勝軍。

大家都說投資市場是瞬息萬變的，此語並不誇張。不論是進行何種投資，都是面對著全新的現在及未來，「過去」只能當做一個參考而不能盡信。因此，最重要的是，以思考」去應付各種可能及趨勢，不能單憑「記憶」作抉擇。

> 在投資理財甚至財金的領域中，過去的歷史經驗並不保證會於未來再度發生。多看未來，少看過去，不但能掌握先機，也容易不惑。

認命吧
───── 少賺少賠就是福

這句話在不景氣、空頭市場時尤其具有參考價值。即使是在正常的時期,能夠大賺的人終究是少數,不然,幹嘛有那麼多人要寫讓人致富的書,而且還常賣得不錯呢?

中國人一直有「平安就是福」的觀念,要細嚼慢嚥才能體會出它的真義。其實,投資也是一樣,少賺少賠就是福。

在各種投資工具中,最不起眼的大概就是銀行定存與債券這兩個看似「不爭氣」的東西了。因為銀行定存的利率一向都不高,而且在近年吹起降息風之後,一年期的定存利率更滑落到百分之二上下了;債券稍微好一點,債券型基金的報酬率也比定存稍高一點,但大約只多出一個百分點左右。

可是,定存與債券就是不會被市場所淘汰,原因就在於一個「穩」字,因為它們的報酬率至少一定是正數。當然,理論上銀行可能會倒,但是在台灣發生的機率不高,而且至少有新台幣一百萬元的存款保險。至於債券,公債當然不會倒,公司債的可靠性當然就差了一些,尤其是所謂的垃圾債券,但是散戶敢買的、而且買得起的大概也不多。至於債券型基金,由於購買的債券分佈相當廣,因此風險相當有限。

所以,不管在台灣或國外主要先進國家,金融機構的存款、債券發行金額絕對不會輸給股市投資額,而且還經常大

幅超過。例如，台灣的債券型基金投資規模就遠比股票型基金來得多，而一般民眾在金融機構的存款也高於投資於股市的金額。

相對的，投資報酬率較高的投資工具，存在著太多的風險，所以「投資之路如虎口」絕對不誇張。讓我們看看，一些投資工具有些什麼樣的風險呢？

☆如果是做保證金交易，不論是投資期貨、外匯、認股權證，假使是拿20萬元投資，當期貨商品、外幣匯率或股價漲跌，與你的預期剛好相反時，你必須要拿出更多的錢去填補保證金不足的缺口，否則就會被「平倉」沖銷掉。而且在投資實務上，保證金全部被「吃光」也是常有的事情。當然，保證金交易讓人翻兩番的例子固然有之，但是血本無歸的案例也所在多有。問題是，保證金交易的市場是瞬息萬變的，你有把握一定贏嗎？親身經歷過保證金泡湯的民眾，心裡一定常會想起「如果只是小虧那該有多好？」

☆股票市場中的投資人，多年下來買到地雷股、壁紙者比比皆是，在多殺多時因為融資而被斷頭的經驗，有太多的人嚐過。這幾年來，手中即使沒有地雷股票，但是股價腰斬、膝斬而抱著一大堆水餃股、雞蛋股的投資人也遍地皆是。有過這樣經驗的投資人，心裡一定也會想「如果只是小虧那該有多好？」

☆房地產一度被視爲坐擁暴利的極佳投資工具，在房價
處於高峰的那一段黃金歲月中，建商蓋一戶賺兩戶不
足爲奇（不是蓋一戶賺一戶，是花一元賺兩元）；投
資人買一戶賺一戶或賺半戶，也是稀鬆平常的事。但
是水能載舟亦能覆舟，這幾年來多少手中握有大筆土
地的人，不就是敗在土地太多之上嗎？很多企業主貸
款投資土地，結果不但錢被套牢，而且擔保品的價值
愈來愈低，三不五時還要像股票質押一樣被銀行要求
增加擔保品，否則就要抽銀根。一般民眾住在「套房」
的情形也相當普遍，有些買預售屋的乾脆放棄頭期
款；至於買到中古屋的只好自認倒楣，真的走投無路
時只好賤價出售了。當遇到這種情形時，心中會不會
油然而生「如果只是小虧那該有多好？」

對於一般個別散戶而言，事實上是比較不容易獲得高報
酬的，這可以歸納成以下幾個因素：

☆個人的資訊永遠比法人、大戶既少且慢。不是嗎？請
問你認識幾位上市公司的高層主管？你有多少次是在
報紙刊出前就掌握住了動態？你曾經在事前就確知即
將有大單敲進或賣出嗎？

☆個人的動作經常是慢半拍。不是嗎？如果你的資訊來
源是報紙、電視、小道消息、營業員、分析師，當然
買與賣都會比法人、大戶慢好幾步。

☆個人的資金一定比較少，而且也很難彼此聯成一氣，自然在市場上起不了什麼作用。可是法人、大戶就不同了，他們不但可以順勢而為，甚至可以逆向操作；不僅懂得作多，更掌推作空的技巧；有時還誇張到有能力與政府的護盤基金對作。相形之下，個人及散戶那有什麼資源可言呢？又有什麼資格去談高獲利呢？

投資，誰都希望賺錢，而且賺愈多愈好。但是，天下沒有白吃的午餐，投資市場就像江湖一樣，經常是要講究權力、地位的。與法人、大戶這些教主、長老級的江湖前輩相比，個人散戶就好比小嘍囉一般，頂多只能喝喝湯，那能奢談吃香喝辣呢？

如果你的投資金額不大，又沒有什麼偏財運，更做不到買低賣高，那麼不妨隨時謹記在心，「少賺少賠就是福」。能不碰到大風大浪，有時也是求之不得的福氣。

> 多數人的一生中，發大財的機會並不多，即使有，也常是大起大落。能小賺就小賺，不能小賺也要力求少賠。看穿了這一點，投資理財時就容易讓人覺得踏實多了。

以政領經
———— 千萬不要說政經分離

政經分離這句話，即使美、日這種國家都很難做到，在亞洲的台灣更是難上加難。比較實在的是，如果政治能少干預點經濟，就算功德無量了。

　　你應該聽過「政經分離」吧？可是在台灣，政經眞的很難分離。有多難分呢？大概你和你的情人有多難分，台灣的政經就有多難分。

　　讓我們看看幾個大家耳熟能詳的例子吧。

　　大家都知道，以往政府對股市護盤是由「倒楣」的財政部「領銜演出」，不但主導各種政府基金直接殺入股市，而且在緊要關頭還要三不五時打電話給各主要銀行進場護盤。可是，有幾個人相信，政府對股市護盤是財政部長個人的意思呢？又有多少人相信財政部長有這個「種」呢？如果沒有政治力介入，財政部就算吃了熊心豹子膽，也未必眞敢如此蠻幹。

　　再舉一例，同樣是經濟部，爲何在數年前換了政府之後，基本立場就由擁核做三百六十度的改變而成反核；誰又聽過前任經濟部長林信義在裕隆汽車時代有過激烈的反核言論呢？久待經濟部的主管官員中，難道沒有人知道一旦停止執行預算，對於外國大型廠商後續來台投資會有多大的殺傷

力嗎？又有多少人一廂情願的相信廢核四單純是經濟部的考量，而不牽涉到政治力呢？

又如，台灣已被公認為經濟自由開放、廠商獨立自主的新進已開發國家，但是廠商對外投資仍要遵循政府的指揮棒，不是嗎？先前，基於邦交考量，政府指揮棒指向與台灣遙遠的中南美洲，一時之間各式各樣的加工出口區紛紛建立，但是現在呢？隨後又推出個南向政策，指揮棒又指向馬來西亞、泰國、菲律賓等國家，但是後來呢？政府眼見廠商紛紛西進大陸，於是指揮棒又祭出戒急用忍，禁止台灣大型廠商前往大陸投資。眼見多年來台商的對外投資脈動，恐怕連瞎子都看得出政治力的介入。

除了政治力多年來不斷介入經濟，使得台灣「政經分離」成為禮運大同篇一樣難以實現的理想之外，現實也讓台灣經濟難以脫離政治的暴風圈。

例如，台灣股市為什麼一直暴起暴落？除了人為炒作與市場因素之外，最大的癥結，當然就是我們有一顆叫作「兩岸關係緊繃」的不定時炸彈。它的殺傷力有兩個，一個是因為「炸彈」當然對股市有殺傷力；另一則是不定時而讓台灣民眾難有免於恐懼的自由。兩岸關係這顆炸彈，何時點燃引信當然主要是由對岸決定，但是很麻煩的一件事是，執行的具體時機，往往與台灣領導人的發言及作為有關。當對岸一直以「政」治及軍事上做文攻武嚇時，台灣「經」濟上的股市及相關活動又怎麼繁榮得起來！

　　既然台灣多年來政經一直像個連體嬰，為何會如此呢？

　　第一個因素，就是為政者「權力的欲望」及「權力的滋味」作祟，唯有凡事插一腳才能證明自己的存在。開句玩笑話，台灣主政者一向都是笛卡兒「我思故我在」主張的忠實信徒；甚至台灣所謂的「高層」、「層峰」也一直像萬能的上帝一般，是「無處不在」的。

　　第二個因素，就是在上位者將經濟表現與施政績效幾乎劃上等號。股市跌了，就視為施政的危機，當然就會想盡各種辦法拉抬股價囉。台灣廠商紛紛出走，也視為企業對政府投下的反對票，士可忍而孰不可忍，當然要設法讓這些敬酒不吃吃罰酒的人根留台灣嘛。

　　第三個因素，就是濃厚的意識型態。對於核四，既然民進黨黨綱反核四，那當然二話不說的反對到底了；台灣西進大陸怎麼行呢？對面是「土匪」嘛，吃台灣米長大的商人怎麼可以和土匪做生意呢？

　　第四個因素，就是不尊重專業。有人戲稱台灣幾任領導人分別是「把人才當奴才用」、「把奴才當奴才用」及「把奴才當人才用」。五十多年下來，台灣除了尹仲容、嚴家淦、孫運璿等少數幾位還稍微一展抱負之外，有多少的經濟專才能有發揮空間？看看現在，掌握台灣經濟脈動的首長，又有幾位是一時之選？又有多少人的專業能被充分尊重？

　　以台灣特有的「國情」來看，可見的未來要政經分離無異於緣木求魚。既然政經難以分離，那麼只要「政經一體」

走向對的方向，也是次佳的選擇。以下幾個做法，「拜託」執政「當局」、「高層」、「層峰」稍微考慮一下：

第一，拜託想辦法稍微了解一點點的財金經濟，自修固然可以，請教高人也行，目的就是不要太外行就行了。

第二，想辦法自己少拿一點主意，多讓財經官員發揮一點。就算當前的財經高級官員未必皆是一時之選，但好歹也是「水裡來、火裡去」般在財經圈打滾多年的人物。至少這批人比念政治、法律的要懂財經吧。

第三，經濟是社會科學，它的罩門就是很怕政治性的「主義」、「意識」。譬如治水，爲政者不妨多學學禹的「疏導」而切忌鯀的「防堵」。就讓台灣經濟流向大海，而不要氾濫成災吧。

第四，用一點智慧，讓政治成爲經濟的後盾，而不要讓政治成爲經濟的絆腳石。政經兩者相比較，當然可以讓政治掛頭牌、經濟爲配角，但是無論如何，政治一定要成爲經濟的助力而不是阻力。

任何一個成熟的國家，都力求政經能夠分離，或者至少兩者相輔相成。在台灣，既然難以借鏡別人的長處，那麼上策是「政經互益」、中策是「政經互補」、下策是「政經互害」。取法之不同，當然就會有不同的結果了。

政經是難以分離的。以台灣而言，政治對經濟的影響不但巨大，甚至是決定性的。

錯誤的鎖國主義
——國際投資的錯誤政策

你知道大陸人要來台灣投資多難嗎？美國人要在台灣買塊地多困難嗎？日本人想買台灣的公司大不易嗎？如果說台灣企業外移是不可避免的趨勢，那麼又為什麼要對引進外資做如此多限制呢？

台灣當前正處於不景氣，無人會否認；景氣可能更壞，很多人也有同感。有沒有辦法克服？當然有，除了「鎖國主義」以外。

舉一個例子，如果你在台北市開一間百貨公司，歡迎台北市民隨時光臨，但是對於其他縣市民眾則有資格限制。如此一來，景氣好時尚可賺錢，但是景氣差時，豈不是自討苦吃？

台灣所面臨的經濟不景氣，原因很多，而且各人看法不同，改善的方法也見仁見智。不論如何，資金流動不足，尤其外資不容易流進台灣，則是相當具破壞力的。

什麼是不景氣？就是缺錢嘛？與此互為因果的，就是缺企業、缺就業機會、投資市場缺乏買氣。錢來了，問題就至少解決了一半。

但是，不景氣時，錢從哪裡來？當然不是由台灣自己提供，因為台灣錢外流已成為不可擋的趨勢，要叫企業及民眾拿錢出來投資與消費，可謂難如登天。

理財 相對論

　　台灣人此時不肯多花錢投資及消費，除了很多人已無錢或很少錢可拿之外，企業看準大陸廉價勞工市場而出走，民眾對台灣前途信心不足也是原因，甚至政府也正在鬧窮。反正，台灣光是靠自己的力量對抗經濟不景氣，至少在現階段是不容易的。

　　個人理財，不外是開源與節流，國家亦復如此。台灣經濟既已出現問題，除了政府與人民消極性的共同減少支出之外，更積極的就是要想辦法引進資金。

　　讓我們想想看，台灣有沒有什麼辦法引進國外資金？

　　先從國家來看看吧。

　　能不能吸收一些來自大陸的錢呢？開放觀光當然是一個不錯的做法，可是大家看看以陸委會為主的政府做法，是不是一拖再拖呢？能不能開放陸資來台灣投資股票及房地產呢？你信不信政府又會搬出那一套國家安全的陳腔濫調來？

　　是不是能讓美國人來台灣多花一點錢呢？你可以去問問美國朋友，他們想在台灣買、而不是租一間房子時，有多困難。再去問問他們，如果有興趣直接買台灣的股票，他們能不能買？又能夠買多少？如果你有美國商人朋友，當他們告訴你先前核四的停建案，把他們嚇死了；而且他們告訴你台灣的電信費用太高了，政府辦事效率不夠，又覺得兩岸這樣搞下去不是辦法時，你覺得你應該如何說服美國朋友來台投資呢？

　　再看看日本人吧，除了日本有錢人喜歡來台灣個兩三

天，白天打球、晚上搞「援助交際」之外，是不是眞的不肯再花別的錢了？有誰敢說沒有日本人想在台灣開個手工藝場、茶業工廠？難道沒有日本人也想在台灣買個房子，給自己或親朋好友住住？是不是所有日本人都不願意直接買台灣的股票？問題是，我們給人家什麼條件？當大陸絞盡腦汁的給予外商各種優惠時，除了限制，我們給了人家什麼？

再換個角度來看，台灣有什麼東西可以吸引資金及人氣？當然，我們不能再說台灣山明水秀、土地及勞工便宜、政府效率高、甚至不能說台灣有高科技背景。台灣傳統產業生存困難是事實，高科技仍只限於代工階段也不能否認。可是，台灣還有很多可以立即發展的新興事業。

例如，賭場爲什麼不能開放？賭場既可以留住許多必然要出國賭博的台灣有錢人，更可以吸引鄰近國家的人前來。當景氣好的時候，可以用道德、治安等諸多理由反對開放賭場，可是當失業率一直攀高，人民財產及政府財政惡化之際，爲什麼我們不能變得實際一點？爲什麼賭場的一些後遺症，不能用法令及管理來修補呢？

賽馬場及賽車場爲什麼不能開放呢？台灣眞的沒有夠大的場地嗎？政府官員及立法委員，只要誰贊成開放誰就不是正人君子嗎？台灣沒有財團對賽馬及賽車場有興趣嗎？

台灣四面環海，就不能發展海上遊樂事業嗎？也許西部離大陸較近而較爲敏感，但是爲什麼東部四、五百公里的海岸線，就不能開放給業者經營海上娛樂呢？如果台灣東部到

理財相對論

處是漂亮的遊艇,隨意讓外國人士租用遊玩,還怕沒有人來台灣觀光嗎?難道東部發展海上旅遊事業,就會有很多匪諜滲透進來嗎?如果經濟真的土崩瓦解,再強的國防又有多大的用處呢?

其他可以快速發展的「吸金事業」還很多,誰都想得出來,但是不論是國民黨或是民進黨執政,反正就是做不到。只會拿股市護盤、戒急用忍、空洞口號做做心戰喊話。這種情形,即使是政府官員,私底下恐怕也多半搖頭不已。

各個國家都一樣,除非發生全球性經濟恐慌或大蕭條,否則景氣差時一定有仙丹妙藥可以解救;經濟再好,硬要破壞也不是難事。如果從另類觀點來看,台灣過去從經濟高峰往下降以來,不但做錯了很多事,而且也浪費了許多可以開發的資源。現在亡羊補牢,絕對不算晚,就怕再耗下去,不論換誰執政,仙丹妙藥都無效了。

最壞的時機可能是最好的時機,如果再出現尹仲容、嚴家淦的人物,政府重現當年十大建設時代的魄力,讓類似松下幸之助、王永慶等的企業家多做發揮,台灣經濟焉能不迅即回復甚至躍進?如果政府無能,那真的比貪官還可怕。

面對惡劣的國際競爭,台灣需要的不是鎖國主義,而且吸引外資。

遠來和尚會念經
————————外國人的理財觀

投資理財這玩意兒，大部分是移植自西方。從一些投資專家所說過的話中，可以對歐美的投資觀略作管窺。以下即是一些例子，也許能收到他山之石可以攻錯的效果。

The investor of today does not profit from yesterday's growth.

昨天的獲利，並不是今天賺錢的保證。

這句話當然不能鑽牛角尖的解釋成：昨天賺錢，今天就會虧錢。而是強調投資市場上的瞬息萬變，即使是同一個人面對同一個市場，每天操作的結果可能是完全不同的。

有很多因素都會造成這種情形，例如：

1.昨日股市大賺，今天因為大盤逆轉而賠錢。

2.昨日大舉買進美金，今日因央行捍衛新台幣而虧損。

3.昨日債券到期而豐收，今日買新的債券才發現利率上升，導至債券價格下滑。

投資市場，有時像老子道德經上所說的：「天地不仁，以萬物為芻狗。」是個充滿著不可知的因素、有太多的人想賺你的錢、甚至到處坑人的市場。看看這幾年的台灣投資市場，不正是如此嗎？因此，散戶投資人如果遇到賺錢時，千

萬不要沾沾自喜，想辦法獲利了結，或是想想未來會不會有不可測的因素。有時，投資心態謹慎一點，並不是壞事情。

We don't get into things we don't understand. We buy very few things but we buy very big positions.

我們不去介入自己不懂的投資標的。我們買的股票家數不多，但是量卻不少。

華倫巴菲特的這句話，很容易讓人引起誤會，好像他及經營團隊只投資區區兩、三家公司股票，讓習慣把雞蛋放在同一個籃子裡的投資人振振有詞。其實，法人所謂投資家數不多，與自然人及散戶的定義是不同的：法人認為買的不多，是幾十家公司而已，但是散戶買的不多則往往只是兩、三家公司而已。

這句話的重點，是希望投資人不要將錢砸入自己完全陌生的行業及公司，並建議人們了解自己投資的對象，不要人云亦云。至於究竟要投資幾家公司的股票才算合理，則因人而異。舉例而言，比較專業、時間較多的投資人，當然可以買個十家公司股票；反之，沒什麼財經常識、甚至時間也不夠的投資人，就本分的選個少數幾支玩玩吧，視情況再增加，或者直接投資共同基金吧。

Look at stocks as businesses, look for business you understand, run by people you trust and are comfortable with, and leave them alone for a long time.

不妨把股市當成眾多企業，選擇你所瞭解的公司，找出你所信任的公司經理人，而且長時間放心的讓它好好經營。

　　股票市場的確是由眾多的公司企業所組成，在如此眾多的投資標的中，如何找到值得投資的對象，自然是投資的首要因素。

　　一個比較有思緒的投資人，除了參考親朋好友甚至專家的明牌之外，自己也會嘗試著去了解那些上市上櫃企業的老闆及經理人，是真正努力從事企業發展，而不是借殼上市或是一心想從股市中獲利。因此，選股不只是選一支易漲難跌的股票，也要去選擇公司的經營團隊。

Great investment opportunities come around when excellent companies are surrounded by unusual circumstances that cause the stock to be misappraised.

　　當一家很棒的上市公司，因為整體投資市場遭逢巨變而嚴重低估時，就是一個絕佳的投資機會。

　　現在有一些體質很棒、獲利出色的電子公司，股價離今年三月最高價已接近腰斬，即使還權也仍下跌不少，更不要去提眾多傳統產業的龍頭股了。

　　這些明星個股，如果以本益比的觀點來看，股價是明顯的低估了，其原因並非出自於本身，而是因為投資人對政局或未來沒有信心，使整個股市在急跌中，好的、壞的股票全都玉石俱焚。

　　比較矛盾的是，當今年高點時，相信有很多的投資人看到多支高價績優股時，不禁會感歎一句：「如果它跌下來讓我買一點多好！」如今真的心想事成了，但卻無人敢買。當然，或許投資人並不是真的不敢買，而是希望在最低價時再進場，問題是，誰有如此的特異功能，屢屢能知道最低點在那裡？如果真有這種人，不成為比爾蓋茲也難。

　　I'd rather have a ten-million-dollar business making 15 percent than a hundred-million-dollar business making 5 percent. I have other places I can put the money.

　　我寧願去投資一家價值一千萬美元而獲利15%的公司，不願去投資一家市值一億美元卻只獲利5%的公司。因為如此我可以將剩餘的錢去從事其他的投資。

　　無論全球各國股市，究竟該投資大型股或中小型股，一直是個備受矚目的話題。大型績優股特色是穩健、具抗跌性，但是有時股性也很牛皮；一些具高度成長性的中小型股，也許知名度遠不如藍籌股，但是股價相對便宜，配股或股價揚升空間皆高，是許多精明投資者所努力追求的目標。

　　但是在台灣，投資中小型股的風險當然比美國要高。因為兩國的股票市場法令、運作、心態都不一樣，在美國可能會覺得借殼上市、掏空資產、護盤有些莫名其妙，但是在台灣似乎已成為家常便飯。因此，在台灣投資高成長的中小型股確實比較困難，而且風險很高。部分人士會到未上市的市

場中去找，但是未上市股票不得公開交易，則又是另外一個風險。

There's no reason in the world you should expect some broker to be able to tell you whether you can make money on index futures or options or some stock in two months. If he knew how to do that, he wouldn't be talking to investors. He'd have retired long ago.

你不應該期望世界上有哪一位證券營業員，會告訴你如何在未來的兩個月內，從指數期貨、選擇權、股市中獲利。如果營業員知道獲利竅門，那麼他絕對不會大方地告訴投資客戶，而是早已退休，自己去發財了。

投資世界中有一個現象，尤其是台灣，就是多數的投資人其實並不懂投資，甚至自己要買的是什麼都不知道，因此經常倚賴營業員。如果只把營業員的意見及建議當作參考，那真是阿彌陀佛；如果是奉為聖旨，那就「代誌大條」了。

號子營業員有時就如同演員一般，其實對劇情及角色並不是那麼清楚，但是絕對要演得像一回事。他們每天上班時，即使自己也不真正清楚該選擇哪些股票、

或是不知道該不該投資，但是在面對客戶的時候，他們已習慣去懂得如何裝扮成權威，而且是愈權威愈有人相信。

他山之石可以攻錯，外國投資大師的理財觀念，值得台灣人細細的玩味及思考。

Wealth 投資篇
Finance

認識 基本面
————— 投資的必備知識

不論投資股市、外幣、房地產、定存、債券,基本面的知識都是獲利的基礎。也許,吸收基本面的知識是一件頗為痛苦的事情;可是,有付出才有收獲,不也是天經地義的事情嗎?

投資時,有人倚靠耳語、有人自恃偏財運、有人下苦功研究、有人委託操作。不論何者,認識基本面,就不會太外行;而且,行情好時容易多賺一點,行情差時也可能少虧一點。

「基本面」,就是投資人最應該具備的「基本」知識。隨後,萬變不離其宗,無論市場上如何七十二變化,都逃離不了如來佛的手掌。

有哪些基本面是一般投資大眾所應該了解的呢?

☆利率走勢

利率高低,是任何國家金融變動的重要指標。以近幾年台灣及國際上的趨勢,由於景氣下滑、股市不振,不論是美國的聯邦準備理事會、台灣的中央銀行,莫不以多次調降存款準備率、重貼現率,進行引導各銀行調降存放款利率,希望藉由較低的資金取得成本,好讓企業增加對產業及股市的投資。

了解利率的基本走向之後,就容易對投資有些基本判

斷。例如，利率走低，債券的利息相對較高而使得價格走高，因此當然是買債券或債券型基金的好時機。民眾也要有存款利息愈來愈低的心理準備，而考慮逢低承接績優股票、改買一些債券或債券型基金、或繼續堅持定存。放款則因為利率走低而受惠，過去房貸、車貸、融資買股票的民眾，則可以輕鬆一點了。

☆本益比

本益比是選股的不二法門，過去一段時間網路股脫離本益比法則而飆升，後來的下場就是一個很好的借鏡。台灣超過七百支的股票，不論個股股價高低、公司體質好壞，本益比就像是一面照妖鏡，都能從其中找到是否可以買進或賣出的脈絡，例如，本益比只有十幾倍的績優股，當然值得投資，至於四、五十倍以上的就讓「更勇敢」的人去買吧。

其實，本益比的觀念更可以應用在其它投資上面。例如，買房子，從地段、住宅型態上都可以稍微抓得住房價是高或低，如果高價位住宅是以稀有性、尊貴性為訴求，那麼它絕對只適合日進斗金、不太錙銖必較的豪富階級。

甚至在消費上也可以適用本益比的概念。例如，你所購買的轎車，其公司員工年終獎金動輒七、八個月以上，那麼這些員工就要謝謝類似閣下般的「苦主」，因為羊毛出在羊身上，任何公司絕不會從董監事的口袋中掏錢去發年終獎金。同樣的，先前一段時間電子新貴之所以能夠個個富可敵國，不也是拜社會大眾購買高價的電腦及相關產品嗎？如果

大眾不是一窩蜂的趕時髦、不考慮合理價格的就出手，試問如何會產生那麼多的有錢企業家呢？甚至，之前電子新貴買豪宅、蓋新辦公大樓，也是因為許多投資人買到高本益比股票的結果。

☆經濟成長率

不管是台灣或是其它任何國家，經濟成長率的高或低，都是投資理財的重要指標。以近年台灣經濟成長率不斷向下探底，當然顯示經濟出了一些問題。在低經濟成長率之下，必定就會出現一些效應。

例如，經濟成長率向下滑落，意味著股市還有一段谷底盤整期，因為兩者之間存在著密不可分的關係。經濟成長率低也會導致利率下降，因為央行必定會以較低的利率降低企業貸款成本、刺激民間的投資。另外，也會導致新台幣兌換美元匯率有貶值的空間，因為台灣一向是以貿易立國，政府只有以讓新台幣貶值的手法來刺激出口。

☆景氣對策信號

政府每個月都會公布上一個月最新的景氣對策信號，由此可以看出台灣最新的經濟情形。當然，不具財經背景的一般人，至少可以從景氣燈號，看出當前的經濟景氣到底是好或壞，而據此做出不致離譜的理財決定。

例如，許久不復見的「紅燈」，就是景氣好得不得了，甚至有過熱的現象，不過真的已有很多人不記得對策信號曾經還有過紅燈。「黃紅燈」也是不錯的燈號，表示景氣很穩

定，但是有朝向過熱的趨勢，這也是大家許久不見的燈號。「綠燈」當然是最安全的燈號，但是如果稍加深究，還要看看綠燈的分數。綠燈的分數是由二十三分至三十一分，太高則朝黃紅燈邁進，太低則可能降至黃藍燈。「黃藍燈」算是一個警訊，表示經濟有衰退的趨勢，這也是近年來台灣常見的燈號。至於一看到「藍燈」，稍對色彩學有研究的人就知道有點冷了，藍燈顯示景氣正處於衰退期。

為什麼景氣對策信號具有指標性，也是台灣經濟非常重要的基本面？因為它的燈號及指數包含了台灣很重要的九種變動資訊。這九種變動資訊的名稱十分讓人望而生畏，其名稱分別是「貨幣供給變動率」、「放款金額變動率」、「票據交換金額變動率」、「股價指數變動率」、「製造業新接單變動率」、「海關出口值變動率」、「工業生產指數變動率」、「製造業成品存貨率」、「非農業商業就業變動率」。

另外，景氣指標還有「領先、同時、落後」等三種指標，不過那些玩意兒恐怕已超過一般民眾的「腦容量」了。

☆每股盈餘

要判斷哪些公司的股票值得投資，不是由公司的名氣來決定，也不是以生產什麼產品而定，而是由其獲利能力來論定。一家好的公司，就是能為股東賺錢的公司，同時提供股東及投資人差價、股利股息等兩種獲利，而且最好是年年如此。

因此，從報章雜誌中去找每股盈餘的數字，兼而參考本

益比，會遠比聽信明牌、老師之言來得穩當。例如，一家每股盈餘有個一元以上（愈高愈好）、本益比在十五倍以下（愈低愈好）的公司，絕對是精明投資高手心中理想的獵物。反之，買到低每股盈餘、高本益比的股票，下場就容易像投資華爾街那斯達克網路股的那群不幸傢伙一般。

當然，有關投資的經濟基本面指標很多，以上只是舉幾個大家較熟、較為重要的例子。以往，台灣投資人可能是「多聽消息面，少看基本面」，希望未來能返璞歸真，變成「多看基本面，少聽消息面」。

俗話說，萬丈高樓平地起，禁得起地震的房子，其基礎一定紮實。投資時如能看清基本面，「獲利樹」就容易因為下盤穩固而不斷向上長高了。

　　不論從事任何投資，正本清源之道皆是認識基本面。試問武林高手中有馬步紮不穩的嗎？

理財相對論

股市致勝 的 五個模式

老外歸納出股市致勝的金科玉律很多，但是在台灣則不能完全一體適用。如果能夠「以台為體，以西為用」，那麼離「套房」就會遠一點了。

股市是西方人發明的玩意兒，相關的投資金科玉律很多，如果一成不變的套在台灣股市中，難免會有畫虎不成反類犬的後遺症。

包括一般個人及家庭在內的散戶，在台灣投資股票，如果一定要講求「致勝」，那麼大概可以歸納出五個模式，而且，要以對的方式操作。

這五個模式，分別是「波段操作」、「低本益比」、「低買高賣」、「明日之星」、「少進少出」。

「波段操作」也可以說是箱形操作。它主要有兩個功能：打破長短期投資的迷障、保持一定的獲利。

在台灣，長期投資未必能有保障。相對於許多代客操作公司所提出長期投資、累積財富的論點，相信許多投資人聽起來，有像放「風涼話」的味道。例如，十來年前以每股一千五百元以上買到國壽、三商銀股票的投資人，大概會覺得長期投資獲利是很刺耳的一句話。再看股市加權指數，由十來年前最高峰的一萬兩千多點，跌至總統大選兩年後的四千多點。當時「不幸」進場的人，而且「更不幸」的一直持有

未賣，現在又如何面對長期投資、穩定獲利這句名言呢？

　　股市長期投資獲利的主要論點，在於各國的經濟皆呈穩定成長，而且各企業也都很穩定獲利，能提供投資人差價及股利兩種利潤。但是，如此的論點難免會有「人性本善」、「主觀願望」的成份。比較務實的態度是：為什麼各國經濟永遠不會遲緩？難道各種產業不會有興衰？各上市公司就不會有人謀不臧的問題？哪個國家永遠不會有戰亂或內爭？

　　從事實來看，任何國家長年來股市的走勢圖，一定是高低起伏的，很難一路往上升，也就是有很多大大小小的波段。如何至少在大的波段中獲利，積極面來看，能獲得長期多次的獲利；消極面來看，至少能避免被長期套牢的窘境。

　　短期投資當然也可以採取波段操作，例如，有些人很喜歡搶短線，一週不進出個幾次就覺得渾身不對勁。這種類型的投資人仍然可以在股市短期內股價起伏的波段中獲利。

　　波段操作在實施上，有兩個很重要的觀念。第一個就是設定停利點，長期波段操作可以設得比短期高些，例如，以長期投資的觀點，可以將停利點設在五成至一倍之間，精確的數字當然因人而異。短期投資的停利點，則不妨設在一至三成之間。另一個重要的觀念，就是儘量不要設立停損點，除非是顯而易見的地雷股，否則一旦賣掉就是虧本，這筆帳永遠也沖不回來，即使用賣掉的錢重新去買股票，未來能賺能賠仍在未定之天。

　　舉個例子，當你買了一支績優股若干張，原本打算長期

投資，但是經過了一年，發現已經含權漲了八成，那麼就賣掉它吧。賣掉的錢暫時不必急於換股操作，因為既然獲利，就表示當時處於高檔，不妨再等個半年甚至更久，等到下一個低檔波段來臨時再買吧。反之，如果你買定之後（通常要買低）運氣欠佳，碰到經濟不景氣或中共又施展文攻武嚇的「特異功能」，這時你面對市場一片哀鴻，絕對不要急著設立停損點，而是就放著吧，就當作「真正」是在長期投資，反正這些錢又不是融資、貸款、借貸而來的。

「低本益比」是選股買進的最重要因素。本益比就是一家上市上櫃公司獲利數字與股價之間的倍數比例。這個數字愈低，就表示該公司股價偏低，就是可以考慮買進的對象。

在過去一段時間內，高本益比個股往往是市場買氣匯集的對象，例如，電子及網路股。電子股由於高獲利、網路股由於前景佳，使得這兩種公司似乎超脫了本益比這個如來佛的五指山。但是，網路股飛得愈高就摔得愈重、電子股一旦獲利衰退就跌個鼻青臉腫。無論如何，幾乎所有的公司最後仍難逃本益比的「法網恢恢」。

有人說過，股市中最困難的就是各公司的合理股價究竟為何，其實答案就在本益比當中。可惜的是，包括散戶及法人，都囿於部分公司高獲利、前景佳的迷幛中，而忽視了本益比的存在，終於陷入了「不識廬山真面目，只緣身在此山中」的境地。

在觀察低本益比時，有兩個很重要的觀念，一個是最好

在十五倍以下，另一則是這家公司的每股稅後純益要為正數，而且最好在一元以上，當然愈高愈好。十五倍當然是一個比較的數字，這個數字意味著未來股價上漲的空間遠超過下跌。至於要求每股稅後純益的意義，則是避免選到地雷股，因為地雷股通常是先發生獲利警訊，再出現跳票，最後終於因為暫停交易或下市而成為壁紙。

「低買高賣」是股市的金科玉律，也是台灣投資人最不容易做到的事情。以過去多年的台灣股市做觀察，一向是萬點以上搶破頭，五千點以下乏人問津，因此台灣多數投資人一直是在做「高買低賣」這碼子事情。

為什麼台灣投資人不願意低買、只願意低賣呢？當然是因為股價低迷時，通常是利空罩頂，不但政治面或經濟面出了問題，而且人氣為之匱散，好像不賣股票換現金就會抱著一堆壁紙一般。但是你不妨想想，如果台灣能承受八二三炮戰、中美斷交及退出聯合國、兩次全球石油危機、中共試射飛彈，又為何不能承受總統大選之後而來的經濟不景氣呢？退一步而言，如果台灣真的垮了，就算你手中沒有股票，仍能全身而退嗎？

為什麼許多台灣投資人不願意高賣，只願意高買呢？當然是因為後勢看好嘛；為什麼會一片看好後勢呢？因為無知嘛；為什麼會無知呢？因為貪嘛。回首看看總統大選前的萬點行情，大眾莫不寄望於比一萬兩千點更大的行情。即使當時果真出現如此行情，相信一萬五千點的說法又會甚囂塵

理財相對論

上，接著甚至會再出現一萬八千點、兩萬點超級行情的說法。不是嗎？

低買高賣論點的主要基礎，就是股市很難一直跌下去，除非整個國家垮掉；但股市也很難一直漲下去，除非大同世界提早來到。股市與數千年來的人生一般，甚至與自然界一般，都有很多個重複的循環。跌到跌無可跌之時，就會有千百個上漲的理由及助力；漲至漲無可漲之際，更會有成百上千個回檔的原因與力道。如果說股市是可以預測，那麼「高低起伏」便是可以鐵口直斷之事。

低買高賣有兩個竅門，一曰「相對」，二曰「忍耐」。所謂相對，就是相對低點買進，相對高點賣出；因為要在絕對低點買進、絕對高點賣出實在太難了，除非你有水晶球或時光機器。忍耐，就是不到相對低點之時，忍住不買；不到相對高點之時，忍住不賣。

真正懂得低買高賣之人，有如港劇楚留香歌詞中的「千山我獨行，不必相送」，甚至更有唐詩「千山鳥飛絕，萬徑人蹤滅」的境界。也就是出現「別人買時我就賣，他人賣時我便買」的特殊逆向操作手法。

「明日之星」也是選股的一個重要依據，而且是投資大師及專業法人的一貫擇股手法。以國外而言，生化科技絕對是網際網路之後的重點發展課題，有關基因改進、複製技術、醫藥突破都是本世紀最為亮眼者。另外有關銀髮族保健護理，也是時勢之所趨，相關行業及服務都將有一片亮麗的

天空。至於台灣，雖然一時之間還看不到真正具有明日之星架勢的個股，但是未來之事殊難預料。

真正的投資大師，過人之處往往是「慧眼識英雄」，能夠從一家不起眼的小公司，看到光明的未來，這也是為什麼許多專業投資人喜歡以卡和自居，從多如天上繁星般的未上市、小公司中去挑出一兩塊和氏璧的原因了。

「少進少出」也是台灣投資人務必要學習的。正由於少進少出可以節省很多交易成本，當然也就累積了獲利的能量。更何況少進少出還可以減少投資人許多時間及精力的耗損。少進少出唯一的缺點，就是讓部分喜歡短線操作的投資人少了那麼一點「參與感」。

我知道有一些屬於投資市場中的「異類」，他們就如同武林高手一般，平時來個「按兵不動」，即使一年不進不出也無所謂。一旦等到股市有非理性殺盤出現，他們就會無視於市場上的一片悲觀，而勇於大舉買進。買進之後就進入「冬眠期」，不再理會短期內的風風雨雨，直到一段時間撥雲見霧、股市大漲之後，他們也毫不理會市場上一片「憑欄遙望一萬點」的遠景，迅即將手中股票出清，然後回到原點，靜待下一個買進的時機。

這些股市「異類」，也許一年只出手個一、兩次，有時甚至一年之內完全沒有交易，但是只要股市出現波段，他們就會如同吸血蝙蝠一般，將這一個波段的利潤「榨」得乾乾淨淨的。甚至，在旁人眼中，他們是不太玩股票的一群。

理財相對論

　　要在股市中獲利，有時很難，甚至遙不可及；有時卻又簡單，甚至信手捻來。兩者之間的差別，就是觀念與做法的不同。

　　波段操作、低本益比、低買高賣、明日之星、少進少出這五個原則，各有各的觀念與做法。如果真的能夠「參透」其中的道理，那麼你就不難成為投資大師級的散戶了。

> 　　波段操作、低買高賣、低本益比、明日之星、少進少出，會將投資人的失望減至最低。

不要**不信邪**
──── 打敗大盤眞的很難

股市新手常有打敗大盤的經驗，可是再玩下去就會發現，經常打敗大盤其實並不容易。因為你的對手不只是菜籃族而已，而且還有一大堆的法人及實戶。就算你贏了大盤，只要領先不多，在扣除了證交稅及手續費後，很可能只是打平甚至小輸。

　　你信不信，打敗股市大盤眞的很難？如果你的投資經驗已超過一年，那麼自己算算看；如果不會算，那麼就去拜託朋友算一算。如果你投資未滿一年，那麼請拭目以待，有機會時驗證一下。

　　如果你並不是運氣特別好、也沒有什麼有效的內線消息，那麼打敗大盤的機率其實並不高。可以歸納出的原因，大概有以下幾個：

　　第一個原因，就是大盤的投資報酬率，不必扣掉證交稅及手續費，而你則不然。

　　例如，當某一年的全年報酬率揭曉時，你與大盤的皆為百分之十，可是對不起，在扣除了證交稅及號子手續費之後，即使你的「名目報酬率」與大盤完全相同，但是在扣掉稅、費之後的「實質報酬率」仍低於大盤。

　　更有甚者，如果你在一年之內的買賣股票次數愈多，那麼報酬率就會遞減，想要追平或者超過大盤，那就更要倚賴

其他諸如手氣、消息、專業知識等「特異功能」了。

第二個原因，就是與你對敵的高手如雲，能不敗陣而歸者幾希？

投資股市者，除了一般如你我之類的自然人之外，就是所謂的法人。這些法人之中，不論是本土的投資信託公司、證券公司自營部門，或者是外國的證券公司與外資法人，全部都是由一群學有專長、且有豐富實際操作經驗者組成。這些人可以直接到上市公司與高級主管對談、更有專人每人進行各種專業分析、甚至可以用其豐沛的資金影響個股的股價變化。與這些人對陣，請問你的勝算有多高呢？

除了三大法人難以匹敵之外，即使是自然人也必須再做分類。包括你我在內的多數人都叫做散戶，就是投資股市的資金在幾百萬元以內。散戶之上有資金數以千萬元計的中實戶，更有數以億計的大戶。大戶通常都有一定的政商關係及人脈，掌握的消息也較靈通；中實戶至少也對股市行情及各路人馬進出動態相當嫻熟。與他們競爭，只靠自己分析、小道消息、閱讀報紙雜誌的散戶，有多少克敵致勝的把握呢？

股市與自然界的生態其實是很接近的，都有所謂的「食物鏈」，即大魚吃小魚、小魚吃蝦米，或者是獅虎吃牛羊、牛羊吃草。股市的食物鏈則是法人、大戶吃散戶。

各國股市的生態，大都有一定的演進程序。在渾沌初開之時，大家各憑本事賺錢；等到有大戶出現時，一統江湖的局面就出現了；再過一段時間，法人一旦祭出倚天劍、屠龍

刀，大戶吃香的日子就成過往雲煙；最後成熟的局面會進化成法人全面主宰市場，包括大戶、中實戶及散戶都得要「謝幕」了。

當然，台灣股市距離成熟期，仍有一段頗遙遠的距離。在這一段尷尬的時期中，散戶吃點虧絕對是在所難免的事情。但是，散戶要在法人、大戶充斥的投資市場上全身而退、甚至賺點小錢，仍然是有機會的，問題在於能否掌握散戶投資的訣竅。

散戶打敗大盤的機會當然有、掌握投資的訣竅也不難，就是要與一般散戶「逆向操作」。方法可用「知易行難」來形容，不外乎：別人短線我長期、他人買時我賣出、旁人賣時我買進、逢低買進逢高賣、市場傳聞我不理。

散戶，被大盤打敗，有如家常便飯，因為敵人無所不在。散戶，要打敗大盤，也並非不可能，投資原則要掌握。要做哪一種散戶，一切隨你。

> 　　要打敗股市大盤，所要面對的是莊家、大戶、法人。對一般散戶而言，偶然性的打敗大盤隨處可見，但是經常性的打敗大盤則是難上加難。

腦死病人充斥社會
—————— 誰不喜歡聽明牌？

誰都不喜歡被稱為行屍走肉，但是有多少人對於明牌能不動心，
甚至以明牌為馬首是瞻，這些人的判斷力到哪裡去了？

　　台灣投資人有一個很奇怪的兩極化傾向，一方面是自主
性極強，投資絕不喜歡假手他人，因此散戶始終是市場的主
流結構；可是另一方面卻又自主性極弱，非常易於聽信明
牌，不但習於「聽」明牌，更嗜於主動「問」牌。

　　為什麼明牌之風能夠在台灣橫行多年？最根本的原因，
就是多數人在投資時的自信心不夠，因此在面對周遭親朋好
友甚至專家在談論某一支股票該買或賣時，總是先入為主地
認為對方既然講得出來，一定有什麼神通或可能有內線消
息。另一個次要的原因，就是易於一廂情願地認為朋友是基
於好意才報明牌，應該不會有惡意，既然是有錢大家賺，那
麼何樂而不為呢？

　　當然，明牌與大數法則一般，總有準的時候，也必定有
槓龜之時。一般而言，多頭行情時，明牌的準確率必然較
高，空頭時期則相對較低。有的人因為明牌而賺了一筆，也
有人因為聽信迷牌而慘遭套牢。所以，要不要聽明牌？聽明
牌有沒有用？每個投資人都會有不同的感受。

　　如果仔細一想，明牌這碼子事情，具有兩個盲點，讓聽

信明牌成為一件令人困惑，同時也是很危險的行為。

第一個盲點，就是明牌的來源太過複雜。

誰是報明牌的來源？電視上的老師當然是，專業報紙及雜誌的文章也是，號子營業員更是，甚至辦公室的同事及親友亦是。更誇張一點來說，當你坐在號子看盤時，就會聽到旁邊的老張在報明牌；坐在公車或餐廳中，就可能聽到鄰桌的人在談論某支股票短期內會漲幾元；甚至出國旅遊時，某位略懂投資的團員也會很善意的告訴你那支股票有賺頭。也就是說，明牌的來源無所不在。

明牌來源太過複雜有什麼問題呢？第一個問題就是如果不同的人對某支股票走勢的看法不一樣、甚至剛好相反時怎麼辦？第二個問題就是不同的人，對於投資情報的掌握度有深淺的不同，你能充份判斷出誰對誰錯嗎？你知道該相信誰嗎？第三個問題是，當明牌與你自己的判斷不同時，你能夠不受明牌的影響嗎？你能清楚究竟要相信自己還是別人嗎？

第二個盲點，就是明牌的動機太過多元。

有人報明牌，是要證明自己的功力，並沒有什麼其它特別目的；有的人純粹基於善意，希望提供你賺錢的管道；也有的人是希望引君入甕，藉由影響一些人的買進或賣出而獲利；更有的人是以訛傳訛，沒事瞎攪和；也有的人和上市公司有特殊關係，希望這家公司股票大漲或大跌。

面對如此多的報明牌動機，有誰能手持一面照妖鏡，將傳播明牌者照出原形，看看他的真面目呢？有誰能真正清楚

報明牌者，是出於善意或惡意，是出於無心或暗藏著特定目的呢？

做為一個較為成熟的投資人，要考慮的是，應該由自己直接操作投資，還是委託專業人士投資？如果自信有財經常識，對於投資市場的脈動有能力及時間研判，那麼不妨就自己下海吧；如果不是，那麼何不假手於專業人士；如果自覺並非內行人，卻不願假手他人，但又喜於聽信明牌，那麼這不是邏輯上的矛盾還是什麼呢？

如果台灣的投資人聽信明牌的積習難改，那麼下面幾支明牌，在絕大多數的投資場合中都能適用，也比日常生活中的明牌來得可靠。

第一支明牌：逢低買進，逢高賣出。

第二支明牌：選擇本益比低的股票。

第三支明牌：不要輕易相信市場上流傳的明牌。

第四支明牌：買進前景看好的股票，賣出前景看壞的股票。

第五支明牌：以波段操作為主，以長期投資為輔，切忌短期投資。

請你看看自己及周圍的人，是不是有太多人都喜歡傾聽明牌，甚至以此做為投資依據？這些人都是活生生有腦袋的人，但是卻又都像是腦死的病人。因為，如果不是腦死，為什麼會對於充滿陷阱的明牌甚至謠言深信不疑呢？如果不是腦死，為什麼不會對明牌的來源及動機充滿質疑呢？

投資篇

　　如果我說這些人是腦死的病人，他們一定會動怒，甚至惡言相向。但是請問一句，台灣多年來明牌充斥且大行其道的事實，難道不正是由於有太多的腦死病人混跡其中嗎？

　　誰都知道不要輕易相信明牌，但是又有太多的投資人熱衷明牌，許多問題便由此而發生。

理財相對論

知 易 行 難
———— 買低賣高好困難

買低賣高，有時真的好像是「三民主義統一中國」，只是句口號。如果不信，請照照鏡子或看看週圍的人就知道啦。

　　可能連白癡都知道，投資的目的就是賺錢，也就是獲利。獲利的原因固然有很多，其中最重要的一個因素，就是買低賣高。但是在現實的投資世界中，你有沒有發覺一件很奇妙又有趣的事情，就是有太多的人都在做相反的事情。

　　包括你自己及親朋好友在內，是不是有很多人住進了「套房」？爲什麼會困在套房裡，當然就是當初的買價比現在的行情高出不少，而且捨不得賠本賣出，因此才萬分委屈的住進去。爲什麼很多人的投資血本無歸？因爲在低檔時不得不賣出，也許本金虧了三分之一、一半、甚至做融資或保證金交易而全部賠光。

　　只要是腦筋正常的人，大概都不會反對買低賣高的道理。可是爲什麼有那麼多「聰明」或「老經驗」的投資人，硬是栽在買高賣低的跟斗之下？你有沒有想過這個問題呢？

　　問題只有兩個，第一個是爲什麼許多人都會「買高」？第二個是爲何也有爲數不少的人必須「賣低」？

　　這兩個問題都與人性有密切的關係，而且是人性中非理性的因子使然。

先談談買高的原因。

你記不記得麥當勞初進台灣市場的時候，雖然價格很高，可是門庭若市；前幾年這種情形同樣的發生於中國大陸，很多民眾寧願大排長龍，花上大半個月的薪水，只為了一家人終於吃過如此有名的漢堡大餐。

你是不是遇到過這樣的情形，當有兩個攤子或兩家店賣的是類似產品時，一家門庭若市，另一家則門可羅雀，即使你對兩家都很陌生，卻寧願去參加排隊的行列，而不願去門可羅雀的那一家。

原因是，多數人會有一窩蜂的心理，眼看到很多人都看好一家商店、一種產品、一支股票。這時，你心理多半想的是，既然有這麼多人光顧，貨品一定只好不壞，此時不跟、更待何時？至於用點腦筋去想一些事情，諸如這家店賣的東西合不合自己的品味？價錢是不是貴了些？恐怕以當時的一頭熱而言，是有點像緣木求魚般的難了一些。

道理相同的，當台積電股票價格曾經來到了一股兩百元以上的價位、聯電上到了一百元以上時，儘管有些人想到距離之前一段時間的起漲點已有一倍以上的漲幅，可是面對市場上發燒的買氣、及不少投資專家極力鼓吹將有另一波的漲幅，投資人擔心的是買不買得到的問題，至於價位是否太高的疑慮，已不是那麼重要了。那時如果有人大聲疾呼漲幅已至不合理的地步，甚至預測將有大幅回檔的可能，很可能會被視為異端、邪說，而受眾人的圍剿了。

再說說為何會有低賣的情形。

例如，當你手中某支股票市價，只有當初買價的一半時，儘管你心中千般萬般捨不得賣，但是如果有人說這支股票搞不好會成為地雷股時，你賣不賣？如果你是融資買進，當維持率不足而銀行要求你補差額時，你會不會因為手頭沒錢而被迫斷頭？當有投資專家建議你設停損時，你會不會基於投資原則而心不甘、情不願的賣出？當有人告訴你，由於後勢看壞，不妨先虧本賣出，等到下跌至谷底時再買回時，你是不是會自以為是的出脫了？

為什麼有太多的外國投資大師一直苦口婆心的強調兩句話？第一句話，就是當大家都看好後勢時，就是賣出的好時機；第二句話，則是當多數人看壞時，通常就是買進的好時機。這兩句話，說穿了，無非就是希望投資市場的普羅大眾，不要犯了高買低賣的老毛病。可是看看台灣投資市場，投資大師的警語，是不是就像「三民主義統一中國」一樣，成為一句口號及標語呢？

以股市為例，投資市場上有一個盲點，就是沒有一支股票會一直只漲不跌（由古至今皆是），也沒有一支股票永遠只跌不漲（地雷股除外），可是偏偏就有太多的投資人看不清楚這一點。

如果有人還是看不清楚這一點，那麼讓我用另外一個方法，試試看能不能說服他？

假設有一支股票，由每股五十元漲至一百元，而且買氣

還在持續加溫中，你除了祝福那些已賺了一倍的朋友們之外，也不妨承認自己錯失了一次撈錢的良機。但是，只要認命就好，不要再跟了，因為有多少人賺了一倍後而不想換成現金呢？

同樣的，如果有一支股由一百元急跌至五十元，除非你確定它會變成地雷股、或是你相信台灣的股市將崩盤了、甚至是你家中急需用錢、或是無力繳交融資保證金，否則不要輕言賣掉。因為多數體質不差的股票，它既然能夠曾經來到100元的價位，它當然就很可能有一天再回到這個價位，為何不等一等。

股票市場是經濟的櫥窗，一樣是有高低起伏的輪迴。先知先覺者低買高賣賺飽了差價、後知後覺者也小賺一筆或至少不賠、不知不覺者高買低賣而至損失慘重。即使你過去一直是扮演者不知不覺者的角色，只要你按兵不動，而且記取教訓，遲早會有希望成為後知後覺者、甚至先知先覺者。

切記，買低賣高，在絕大多數的情形下，是賺錢的不二法門。買高賣低，得到的只是花錢買經驗。請仔細想想吧。

低買高賣誰都知道，但是在投資市場中偏偏就是難上加難，這是投資市場與投資人共同的致命傷。

小學生都算得出來
———— 多次進出勝算渺茫

用最簡單的算術去算，每次交易都要付出約千分之六的成本，那麼多少次就玩完了？趕快去算！

　　大多數台灣的人是不進職業賭場的，但應知道，賭場老闆會因不斷抽頭而成為最後的贏家，至於賭客，則賭的愈久，輸錢的機率也就愈高。可是，有太多人的一進入股市之後，就忘記這回事了。

　　福爾摩莎美麗之島的股市投資人喜歡進出，也就是周轉率偏高，是事實。例如，台灣有約六百萬人在股市開戶投資，其中約有二百萬人較常進出股市，也就是平均每兩個月就會有一次以上的交易。

　　為什麼大家都喜歡進出，原因當然與日本人當年「進出」中國是不一樣的。買進的理由有很多，例如，手中有閒錢、聽到一支或多支必賺的明牌、因為自己看好幾支股票而決定投資。賣出的理由也有很多，例如，獲利了結、擔心繼續下跌而停損賣出、被證金公司斷頭賣出、因為缺錢而必須賣點股票。

　　不玩或很少玩股票的人，大概會覺得很奇怪，有些人怎麼會有那麼大的精神，經常買來買去、賣東賣西呢？原因很

簡單，局外人當然不會經常進出，圈內人不常進出都很難。只要你一進入玩股票的這個小圈子之後，便會如吃迷幻藥般浸淫在一股特殊的氣息之中。例如，當你和一大堆人一起坐在號子的椅子上，就會聽到一大堆的講法，那支公司股票出了狀況要趕快賣，有支股票最近有人要拉升個十幾塊錢；當你在家中打開電視，看到股票節目的來賓侃侃而談，在愈聽愈有理的情形下，難免會覺得有些股票實在值得投資或者儘速脫手；當你在和營業員、親朋友好聊天時，也常會聽到他們賺錢的故事或者拋售的建議，此時心中不為所動者實在少之又少。簡單的說，在各種錯綜複雜的因素之下，很多人很容易三天兩頭買賣股票。

經常買進賣出股票，理論上除了對一些打字輸入或驗證的相關人員造成麻煩之外，其實對股市及自己並沒有什麼特別的壞處，只有一個「小」的後遺症，就是要抽取稅費。要抽多少呢？看似不多，每一次針對一支股票完成買進與賣出這兩個動作時，「只」要千分之三的證券交易稅，再加上千分之二點八五的號子手續費，兩者合計只有「區區」不到千分之六。

千分之六，當然就是百分之零點六，「看似」不多。但是拿出小學數學程度就可算出，只要「買進及賣出」股票一六六次，錢就用光了。再用小學生也聽得懂的話來說，就是拿一百萬元玩股票，玩不到兩百次，錢就沒了。

比較奇妙的一個現象是，每個人在買了股票後，都知道

理財相對論

股票漲了之後才應該賣，如果真是如此，那麼經常買賣，不但造福國家社會，自己也賺點錢，不是皆大歡喜嗎？誰還管他周轉率或進出頻率高低的問題！

投資股票有時就是很妙，它經常不是有固定戲碼的八點檔連續劇，而是考驗演員表現功力的即興秀。經常買賣股票的那群人之中，有部分的交易是因為手中股票賺了若干而賣出獲利，但是更妙的是，大多的情形是在虧本之下賣出，到最後由於人算不如天算，一看到對帳單或網路的盈虧表，莫不後悔當初應該拿去銀行放定存。

舉個例子，王阿姨投資股市幾百萬，去年對不同的股票買進與賣出五十次（買進五十次，賣出也是五十次，號子帳簿是顯示一百筆，但是通常都說交易五十次）。其中有三十次是賺到了，卻也有二十次是賠了。那二十次之中，有些是怕股票變成地雷股而不計血本賣出，有些是因設停損而按計畫賣出，有些是因為融資斷頭、一時湊不到錢而被跌停賣出，還有一些是妙名其妙、聽信朋友之言而賣出。結果一年算下來，只能用欲哭無淚來形容。

台灣有些投資人，可能是算術不好，或是罹患了電影「愛妳在心口難開」男主角傑克尼柯遜的強迫症。長期投資，打死不幹；股票賠錢，抵死不從；套牢放著，怕東怕西；不作融資，心有不甘。在一連串的矛盾與掙扎後，到頭來一夜致富不僅是南柯一夢，而且還有個爛攤子要去收拾。

請記住，長期投資雖非萬靈丹，但是它是比較保險的做法。如果你一定要經常進進出出，最好能掌握住非賺不賣的大原則。如果因為不景氣的關係而被套牢，就放著吧，只要不融資、不是用借來的錢買股票，沒有什麼大不了的。如果賺也賣、賠也賣，再加上政府及號子抽取的證交稅及手續費，你還一直能賺錢，那麼你真是天之驕子了。

　　多次進出投資市場，勢必大幅降低獲利的可能性。這種情形與賭場中十賭九輸有異曲同功之妙。

天下沒有白吃的午餐
———— 長短期致富談何容易

發明汽車可以讓人更快達到目地的，但是卻不能到達月球，而且可能出車禍。投資工具亦復如此，它有可能讓你小富，但是很難讓你大富，而且很可能讓你虧老本。認清楚投資的本質吧！

是不是聽過很多投資致富的故事呢？很多書不是都強調投資致富的技巧嗎？致富果真能夠透過投資而達成嗎？說一句良心話，太難了。

投資致富是一句空泛的話，讓我隨便舉一個例子使之具體化好了。例如，一個家庭有一、兩百萬的閒錢，希望透過投資而將之變成三、五千萬元。類似這樣的例子，其實真是難上加難。困難的程度也許可比擬唐三藏赴西方取經。

先以投資管道分析，如果是買股票，有沒有可能因此大富大貴？你不妨去問問認識的人，有沒有自十年前、二十年前、甚至三十年前即開始玩股票，現在已經因此致富的例子？如果有，請告訴我，讓我羨慕及敬佩一下。

股市與經濟發展的曲線是完全不同的，它不是緩步向上，而是起起伏伏，在過去數十年數以千計的風浪中，有誰能夠永遠在低點買進、在高點賣出？如果是習慣短線進出的，多少年來已為證交稅及手續費付出太多的代價；即使是長期持有，以近來低檔震盪，又有多少的利潤可圖呢？

共同基金在台灣只有不到二十年的歷史，即使是投資十五年以上的民眾，能夠讓當初的投資金額（以單筆投資為例）翻上兩番，也就是乘以兩倍，都已經是難能可貴了，更別提嚴重虧損及套牢一群了。

　　共同基金中的股票型基金，與股市互動關係密切。如果投資股票難以致富，共同基金也不太可能做到。至於債券型基金，雖然保證獲利，但是其標準是與銀行定存相提並論，距離致富的目標未免太遠。

　　房地產曾經讓人致富過，但是只侷限於資本雄厚的那一群人，對於一般家庭或個人而言，頂多只能買一戶賺一戶，發點小財不成問題，可是距離致富還遙遠的很。但不幸的是，台灣已經與房地產投資大發利市的神話，揮揮手不帶走一片雲彩了。在台灣空屋量居高不下的利空之下，住宅大都只剩下居住的價值，投資房地產已與套牢幾乎劃上等號。

　　如果想以炒作外匯致富，也是難上加難。一個主要的原因，是台灣經濟已經相對穩定，加上有中央銀行強力調節，新台幣在短時間內大升大貶的機會並不大。第二個原因，就是匯率的變動較具有技術性，並不是一般市井小民可以輕易上手及掌握的。

　　當然，玩玩外匯保證金交易，是比較有可能致富的途徑。但問題是，類似期貨、外匯、選擇權等高槓桿保證金交易，有多少中產階級敢玩、玩得起、又能承擔後果呢？

　　除了投資工具之外，再看看投資技巧。

理財相對論

　　在很多的投資觀念及金融機構的宣傳手冊中，都強調利用一筆錢或是定期的投入若干金額，只要長期投資，搭配每年若干的投資報酬率，二十、三十甚至四十年後，都會是一筆天文數字的金錢。看了之後，讓人心動不已，似乎已離致富並不遠了。

　　類似這種長期致富的概念，很不幸的，只是屬於「理論」及「假設」的範疇，在實際運作上則有太多令人討厭的絆腳石。

　　例如，以人性及生活的壓力，有多少人可以像長期每天寫日記一樣的，來個二、三十年以上不動如山的投資？即使真的做到，到了雞皮鶴髮之年才致富，要那麼多錢有什麼用？再者，每年若干的投資報酬根本是天方夜譚式的假設，金融投資公司連每年百分之一的投資報酬率都不敢保證了，又怎能設想每年百分之十甚至十五的高報酬率呢？當每年的實際報酬率未必能盡如人意時，長期投資的數學試算豈不是更如紙上談兵了？

　　無論從哪一個角度來看，對一般人而言，儘管投資的目的是要賺錢，但是能夠小賺不賠已經不容易了，談投資致富真的是難如登天。縱使有一些極少數的案例支持投資致富的說法，但只要這種案例無法擴及於你我，其價值便是「夢想」大於「現實」。

　　投資，要講求踏實，首先力求不賠，再進而小賺，能夠再多賺一些，便算是「祖上有德」了。如果心中始終冀望能

投資篇

夠有投資致富美夢成眞的一天，那麼到頭來得到的必然是一再的失望。

　　記住，如果你沒有天生中彩券的命，也沒有隨便買就大賺的運，那麼，就把投資致富這四個字當作神話吧。沒有這四個字作祟，你的生活一樣可以過得很開心。

> 　　投資市場中一夜致富固屬天方夜譚，即使連長期致富亦屬不易。先求小賠、不賠、小賺較爲穩健。大賺與致富，則牽涉到能力、機運、環境等錯綜複雜的因素。

放諸四海 而皆準嗎？

————————長期投資與短期投資的爭議

長期投資一定賺錢？短期投資風險一定高？長期投資絕對是金科
玉律？短期投資絕對不可取？是這樣子的嗎？

　　投資有三件事情很重要，就是投資什麼？投資多久？賺
錢還是虧錢？也就是標的、時間、獲利三者。這三者都很讓
人傷腦筋，而且變化也很多。尤其是時間，不但每個人的標
準不同、做法互異，而且爭議性也很高。

　　投資的時間，一般而言，大家都知道有所謂的長、中、
短期三種。可是第一個問題來了，多久才是「長期」，多短
才是「短期」？譬如說，一年對某些人可能是短期，但是對
更多的人而言，不但是長期，而且長的無法忍耐。

　　儘管每個人對投資期的長短定義不同，而且差異甚大，
但是仍然可以試圖加以統一。有一個可以援引的標準，就是
採用銀行法的觀點，也就是三個月以內是「短期」、三至五
年為「中長」、七年以上為「長期」。雖然這樣的標準是著眼
於銀行放款，但是既然多數投資專家都拿投資報酬率與銀行
存款相提並論，那麼當然是可以參考的，何況銀行法還是立
法院三讀通過的法律。

　　接下來的一個問題是，投資到底是長期比較好，或是短
期比較好呢？

當然，在理論上，多數投資專家都會建議長期投資比較有利益可言，但是一般民眾恐怕多半是採取短期投資。一般專家的建議，是著眼於長期的享受股利、股息的果實，而且避免過多交易所產生的高成本。一般人難以做到的原因，一方面是習慣使然，一方面則是受不了價格的高低起伏；例如，股票漲了一個幅度，忍不住會想賣掉獲利，下跌之後怕血本無歸還急於脫手。

不論是理論或實際，比較麻煩的是，長期投資一定好嗎？短期投資一定不好嗎？

比較客觀的答案可能是這樣子的，在一個比較穩定、健全的投資環境中，一般而言，長期投資確實是比短期投資來得有把握。但是，在台灣如此的市場中，長期則不一定比短期好；當然，在台灣投資，也並不是短期就一定比長期佳。

舉例而言，在台灣作長期投資，你可能會在六、七年後遇到以下的窘境：手中部分股票變成壁紙或水餃股、房地產市場可能只有當初買價的六、七成（更別提這些年償還銀行的利息了）、基金淨值可能已遠低於10、外幣可能因為台幣的升值而虧得一場糊塗。

造成台灣投資市場無法盡信長期投資的原因有很多，例如，兩岸關係始終緊繃，當然會引起國內外投資人的疑慮；國民黨執政的黑金形象、民進黨接手的無能與無力感，當然也會讓民眾感到失望；台灣股市中的內線交易傳聞不斷、及部分上市公司習於炒作股價甚至掏空公司資產，更讓投資人

經常擔心受怕。

因此，當台灣的投資人甚至外國法人，被問到台灣未來七、八年會是什麼樣子時？可能很多人會擔心屆時兩岸有戰爭的可能、部分上市公司可能已經下市了、台灣經濟也許會沉淪。即使你投資的是大型績優股、買的是台北市最具抗跌性的住宅、或是具口碑的投資基金，你能保證七、八年後的台灣經濟不會比現在更差嗎？如果經濟真的沉淪，目前再好的投資又有什麼保障呢？

相反的，中期或短期操作，在台灣也未必一定是件壞事。由於台灣政經環境變化太快，中、短期投資因此可以獲得一個好處，就是立即反應。例如，明知某一家上市公司生存無望，何必一定要抱到成為壁紙？台幣明顯看升或看貶之時，何不觀風向而為？但是即使如此，短期投資一定要避免一件事，就是不要做過多的交易。除非你是真正的專家、或是天生就有偏財運，否則不要經常交易。

在台灣，很無奈的，長期與短期投資不但都有優缺點，而且極可能兩者的後遺症要比獲利更常發生。比較中庸的做法，恐怕就是「波段操作」了。

波段操作，並不排斥長期投資，當然也可以接受短期投資，重點在於設立一個「停利點」。也就是說，不問投資何種標的，當獲利來到自己所認可的幅度例如兩成或三成時，即可獲利了結，投資的時間可能是一週，也可能是五年。

在進行波段操作時，心中儘可能要有一個定見，就是避

免一個「貪」字，停利點設在三成時，效果一定會比五成有把握。例如，當你將心中獲利標準的那一把尺設爲三成，當你只在兩週如此短的時間就達成時，不論別人如何告訴你，再過一週可能會達五成，你都不要理會，賣掉就是了；同樣的，即使你花了三年的時間才賺了三成，當專家告訴你再過兩年報酬率會更高，你也不妨敬謝不敏，只管賣掉獲利就是了。

　　至於波段操作時，如果是虧損了，是不是要設一個「停損點」，就要看情況了。如果顯然手中股票將成壁紙或是融資交易，那當然要及早出脫，以免後患無窮；如果你對投資標的有信心，或者是用多餘的閒錢投資，那麼就不妨擺著罷，靜待來日翻身的可能。

　　很少有投資專家會反對長期投資，但是它需要投資市場的環境配合；短期投資比較符合多數人的天性，但是它的後遺症眞的很大。在台灣，既然長期投資變數太大，短期投資的風險又太高，執兩用中的波段操作可以平衡兩者的優缺點。比較無奈的是，它可能是在台灣如此特別的投資市場中，相對比較有把握的一種做法。

　　　　長期投資未必一定是良策，短期投資也不一定是原罪。不論長期或短期，見機而作，爲所應爲可以逢凶化吉。

小孩開大車
——— 高槓桿遊戲害慘多少人

外匯保證金交易、選擇權、期貨，都是合法的投資工具，也有人因此而大賺其錢，只是它們屬於極少數人或公司法人的投資領域，一般人遇到它們，很容易非死即傷。

在投資的世界中，的確是存在著短期致富的可能性，一個非常具有代表性的工具，就是保證金交易。它的特色，就是得之我幸，不得我命；也就是天堂與地獄般的差距。的確有人因此賺進上億的美元，但是也確實有銀行因此而倒閉。

與一般投資股票、共同基金、外幣、房地產、黃金不同之處，是保證金交易可以發揮以一當十、甚至以一當二十的高度財務槓桿功用。例如，當你想要買市價新台幣一百萬元的外幣、股票時，只要拿出十萬元的保證金就可以了。過了一段時間，如果投資的外幣、股票市價變成一百二十萬元，當然你就賺到了二十萬元，而且原來的十萬元保證金一毛不少；只是，如果不幸市價只剩八十萬元時，你便會被要求追加保證金，如果不能及時增繳保證金，就會被迫以市價賣出，直到保證金用完為止。

任何投資，只要是高報酬，一定也伴隨著高風險。保證金交易，固然可以十萬元當一百萬元使用，但是它也是極少數容易血本無歸的投資工具之一。

先來看看外匯保證金交易。

目前在台灣大約有二十家本國及外商銀行提供外匯保證交易服務，投資人所要繳交的最低保證金，在一萬至二十五萬元美元之間，也就是至少要有新台幣三十五萬元才能開個保證金交易的戶頭。一般而言，操作倍數是在十倍至二十倍之間。通常在實際交易時，如果損失超過一半，銀行就會通知客戶要追加保證金，損失達到六至八成時，銀行就會自動停止客戶的損失。

實際操作的方式，就是先用至少一萬美元開個外匯保證金交易戶頭，然後就觀察兩種外幣的匯率升貶關係，例如，覺得日圓兌美元會貶值一些，就可以通知銀行賣日圓、買美元（手上實際沒有日圓），接著銀行就會提出精確的買賣日、美元的兩種報價，只要你覺得其中賣日圓、買美元的報價可以接受，在通知銀行同意後，帳戶內便會記錄著賣出了若干日圓、買進了二十萬美金（一萬美元可以當作二十萬美元用）。隨後如果日圓真的貶了一些，再過一段時間當你覺得日圓貶得差不多的時候，就可以通知銀行把美元賣掉、換成日圓，也就是完成所謂的「平倉」動作。這時就會賺到了二十萬美元所產生的外幣買賣差價。只要看得準，錢當然是很好賺。

但是如果運氣不好，當你完成交易後，卻出現日圓對美元升值的走勢，而且發生帳戶內有效保證金不足時，銀行就會立即通知閣下，要求追加保證金，否則就會自行賣掉原有

所持有的美元，也就是所謂的「斬倉」，一直到保證金被「吃光」為止。

再看看保證金交易能有多麼大的破壞力。最有名的案例，應屬一九九五年英國霸菱銀行交易員李森的失敗案例，結果是導致成立超過兩百年的霸菱銀行宣布倒閉。交易的對象是股價指數期貨。

李森是當時霸菱銀行新加坡期貨部門的首席交易員，他稍早曾以保證金交易，為霸菱銀行賺進了上千萬美元，而成為著名的明星交易員。在少年得志之際，他預期日本經濟將會有復甦的表現，因而買入了可觀的日經股價指數期貨，另一方面則是反手賣出債券期貨。但是不巧的是，日本隨後發生了神戶大地震，造成日經指數大跌，當時日經指數曾經一天大跌一千多點。但是李森此時犯下了一個極大的錯誤，面對著約兩億美元的虧損，不但沒有認賠了事，反而繼續加碼（有霸菱銀行作後盾，但是事實上他已逾越了權限）買進日經二二五指數期貨，試圖將日經指數拉抬至神戶大地震之前的水準。但是日本股市硬是「不給面子」，一直跌到了一萬七千多點，李森才終於了悟大勢已去，愧疚的向霸菱總裁說了一句「I'm sorry」。但是他所造成的十四億美元呆帳，終於導致霸菱銀行宣布破產，而由荷蘭國際銀行以象徵性的一英鎊收購，李森也在新加坡以詐欺罪名入獄服刑。

在台灣，雖然還沒有發生類似霸菱銀行如此「誇張」的案例。但是同樣因為衍生性金融商品高槓桿投資而虧點「小

錢」的案例也確實發生過。例如，財政部就統計過，國內的華僑、農民、第一、台灣中小企銀等四家銀行，便曾在一年內提列了新台幣六十多億元的操作損失。

再看看期貨，當然也是保證金交易的一種。

在台灣，玩國外期貨並不是一般投資大眾所能夠輕易上手的，因為它與國人所熟悉的一般投資工具差距甚遠。首先，保證金就夠煩人了，因為既要原始保證金，又要維持保證金。原始保證金是開戶時所必須要繳交的，金額大約是期貨契約總值的百分之五至十五之間。由於原始保證金可能因為虧損而不足，因此又產生了維持保證金，金額通常是原始保證金的七、八成。

期貨另一個很讓人傷腦筋的是交易種類很複雜。大致上，有商品期貨及金融期貨兩大類。商品期貨五花八門，例如，農產品的黃豆、小麥、玉米、棉花等；也有軟性商品期貨如咖啡、可可、糖等；更有金屬期貨如黃金、白銀、白金等。金融期貨最常見的就是外匯期貨，也就是以美元為準，進行美元與馬克、日圓、英鎊、法郎、加幣等各國貨幣的買賣交易。

期貨還有一個不易讓人上手的特點，就是交易的過程較為複雜。例如，與投資股票相比，買賣股票的價格只有市價單與限價單兩個方式，不太斤斤計較的散戶通常以市價交易最為簡單及快速，但是期貨就複雜了，其掛單的方式除了市價單、限價單之外，還有停損單、開盤市價單、收盤市價單

等，相當麻煩。而且期貨是採取逐日結算制度，也就是根據每天的收盤行情計算損益，如果虧損至一定程度就要求客戶補繳保證金。另外，多數期貨期貨交易是沒有漲跌幅的限制，不像台灣股市仍有百分之七漲跌幅的「護身符」。

至於新開放的台灣指數期貨，不論是台指期貨、小型台指期貨、電子期貨、金融期貨，摩根台指期貨，算是比較「溫室型」的期貨交易制度。因為至少政府仍作了每日漲跌幅的限制，與股市同為百分之七，讓投資人不致於在短時間之內就血本無歸。

其實，不論是期貨、外匯、認股權證等以保證金交易為骨幹的工具，原始的目的是「避險」而不是「投資」。當初創立的原始目的，是為了協助企業廠商避免因為各種因素而產生的價格變動而設。例如，希望農產品生產廠商不要因為天候或產銷的因素而致血本無歸；希望貿易廠商能夠有一個較穩定的匯率以掌握成本、甚至希望上市公司能夠有一個較固定的價格回收或釋出一些股票以利經營。也就是說，各種以未來價格作交易的保證金交易制度，設立前提是避險而不是投資。

即使期貨等保證金交易方式，無可避免的也成為一項投資工具。那麼，它畢竟比較適合企業廠商、公司法人、實力大戶、專業人士操作，而比較不適合一般散戶投資大眾為之。因為，它具有專業、短線、風險、投機等特色。

當然，高槓桿的保證金交易投資方式，一定有其高報酬

的誘人之處，而且成功獲取暴利的例子也所在多有。但是，無論怎麼看，它都不是一個適合散戶操作的投資工具；如果你是散戶，又實在忍不住想試試，那麼就小小的玩一下，而且要有輸得起的心態。

儘管期貨未必適合一般散戶操作，但是無可諱言的，在景氣反轉及股市看壞之時，期貨不失為一個很好的放空利器。原因很簡單，政府對於股票市場的諸多規定，都有利於多頭而不利於空頭，諸如融券的規定比融資嚴格許多、平盤以下不准放空等。而期貨的遊戲規則是隨時而自由的作多及放空。

因此，不少的法人就經常利用期貨作為投資避險的工具，而且具體作法千變萬化。例如，可以在股票市場買進，卻在期貨市場上放空；如果真覺大勢不妙，自然也可以同時在股票現貨市場及期貨市場上賣出。

對於有心想嘗試期貨的投資人，另外有一點殊堪告慰的是，儘管期貨保證金的風險是很高的，但是在操作上遠較股票市場上簡單。因為投資股票有擇股的問題，例如，在幾百支股票中選擇少數幾支股票，而且買定後還要經常注意走勢，但是期貨只要注意大盤指數的漲跌就行，投資人相對之下可以減少很多的心力。

高槓桿的投資工具自有其存在的必要，但是未必適合一般投資大眾。投資保證金交易時，需要更多的專業性的知識、判斷與果敢。

上帝才知道
──── 極其複雜的投資市場

影響投資市場表現的因素，包括：各國利率及匯率水準、貿易消長、產業盈收、政治環境、人為操作、信心問題，更別提全球所有投資市場是由幾億個投資人所組成，天知道每天的變化是如何？如果有任何投資專家說他無法預期市場，他肯定是個君子。

投資市場上有一個特色，就是不可測。不可測並不是沒有人猜得到，而是沒有人經常猜得準。因為投資市場極其複雜、而且充滿變數。

當然，有人會偶爾猜得很準，例如，說中了股市明天是漲或跌、預測過兩天新台幣會大貶而果然成真、事前猜中銀行未來幾天內將調整利率。但是，如果你暫時收起對其崇拜心理，並且要求他連續作十次預言，而且一一加以統計，那麼你應該會發現這位老兄終究是個「人」而不是「神」。

投資市場上到底有多麼複雜呢？它到底受到多少因素的影響呢？為了讓你信服，容在下提出一些邏輯關係，先看經濟面、再看非經濟因素，看看它們如何影響股市、匯市、利率、債券、房地產等。

前幾年台灣有比較高的物價上漲率，大家都覺得有通貨膨脹的疑慮。一般而言，與個人及家庭比較有關係的消費者物價年增率超過百分之三，就算偏高了；如果超過百分之

四，就超過警戒線了。物價如果快速膨脹，就會導至利率上升，也就是銀行會調升存款及放款的百分比，因為利率提高可以抑制大眾的消費支出，而且對於債券市場當然是一個利空。對於台幣匯率則較為不利，因為通貨膨脹之後大家就會感覺錢變薄了，台幣也因此而比較有貶值的空間。至於股市及房地產，則通常與通貨膨脹是雙生兄弟，因為錢變多了，投機氣氛也會變得較為濃厚。

貨幣供給額是一般人常聽到、可是卻不容易搞清楚的玩意兒。簡單的說，它就是一個國家供應資金是否充裕的指標。如果貨幣供給額年增率愈高，因為大家感覺變比較多或容易借得到錢，可以投資股票的錢當然就多了，對股市自然是一大利多。對於台幣匯率則是壞消息，任何東西只要供過於求，就會變得不稀奇啦，此時就可以考慮來個美元定存了。至於利率及債市，則會因為資金變多，而出現利率下跌的空間，利率只要一降，債券的價格就看升了。

最近國內經濟不景氣，失業率屢創新高，根源於很多企業、工廠紛紛關門歇業或縮小規模所致。高失業率對股市是一大衝擊，因為大家只能靠資遣費及勞委會半年最多新台幣十五萬元的失業給付度日，那裡還有餘錢去炒股票。台幣匯率也會因為景氣下滑而失去競爭力及價值感，除了貶值還有它途嗎。利率方面，則因政府及金融機構藉由降低利息、刺激景氣而有下降空間，債券市場也就變得一片看好了。

經濟成長率是台灣現階段拿不出來的數字，而且民國九

十年還出現罕見的負成長。當經濟變得愈悲觀時，股市當然會變得一片愁雲慘霧，民眾會歷經財富大縮水的夢魘。台幣匯率也會因台灣出口貿易亟待重振雄風而必須大幅貶值。利率方面，則因為企業對於資金的需求減少，而有下降空間，債券的價格也就看漲了。

台灣的進出口貿易，因國際需求趨緩而雙雙下滑，對於經濟上以對外貿易立國的台灣而言，絕對是「士可忍而孰不可忍」。對外貿易中，出口對台灣經濟的影響尤其重要，因為台灣的外匯存底及高儲蓄率，就是因為多年來持續且龐大的出超而產生。當出口減緩時，股市就容易變得奄奄一息，因為台灣的收入減少了。此時廠商要求台幣貶值、增強出口競爭力的呼聲就會如鞭炮般的此起彼落響起。

儲蓄率就是國民所得扣掉消費支出後的金額，表達方式就是儲蓄金額與國民生產毛額的比率。台灣早期一向有高儲蓄率的傾向，後來隨著商業發達及新一代的理財觀轉變，儲蓄率也就節節滑落了。當儲蓄率下降之時，因為市場資金變得較緊，銀行不得不提高利率、股市也因為失去資金動能而不振、利率雖然並無絕對關聯，但通常也以負面影響居多。

股票族每天必關心股價指數，而即使不玩股票的人多少也會看一下當天是漲或跌。台灣的股價指數，自總統大選變天後就一蹶不振，但是卻也造就了債券市場的榮景，請看鼓吹投資債券的金融廣告是不是比較多了呢？銀行定存則是民眾最感矛盾的工具，因為此時將錢放在銀行中，當然比投入

股市感覺來得安心,可是股市跌與利率下降經常是孿生兄弟,使得依靠定存利息養老的銀髮族感到憂心忡忡,卻又無計可施。台幣也經常因為股市低迷而趨向貶值,因為國內游資及外資看到國內股市沒什麼賺頭,自然容易自台灣出走。

股市成交量可以顯示台灣資金的流向,當每日成交金額經常處於低檔時,就顯示投資人對於股市前景看淡,這當然是股市的一大利空。債券市場在此消彼長之下,行情也很容易水漲船高。台幣匯率也因為熱錢有外流的危機,而容易烏雲罩頂。

存款準備率是各銀行必須將一定比例的存款金額,提存至中央銀行及銀行金庫之內,當然不得動用,此舉是為了應付突發事故,也是為了不讓銀行將所有的存款全部貸放出去。近年來存款準備率一直趨於調降,可以營造出市場資金寬鬆的景像,對股市當然是利多於弊。債券市場的價格也因為利率的調低而受惠。至於台幣匯率則因為供過於求,而有貶值的空間。

人為因素也可算是一個因素,因為台灣的經濟官員及學者特別喜歡「放話」,對於股市、利率、匯市的影響,當然要看放話的內容而定。比較麻煩的是,台灣由於是淺碟式經濟(就是沒什麼深度啦),而且民眾的預期心理及耳根子軟的天性,都使得放話的影響力有增無減。最要命的是,在台灣似乎有一個現象,就是「放話者無罪」,頂多嘴巴閉上個三、五天就算是「自我反省」了,反正中國人一向有得饒人

處且饒人的美德。

再看看非經濟面的因素吧。

兩岸關係一直是影響台灣投資市場的關鍵因素，而且一直是以負面影響為主。兩岸持續的緊繃關係為什麼會讓民眾及投資人覺得恐懼呢？因為一旦發生戰爭，身家性命都可能保不住了，還能談什麼投資環境呢？目前比較麻煩的是，台灣多數人都有矛盾的傾向。簡單的說，就是在經濟上，多數人都承認彼岸對台灣的殺傷力，並且不願樂見這種殺傷力；但是在政治上，多數人都表現得強悍無比。因此，可以預見的是，除非有特別狀況，兩岸關係在短期內仍將維持一定的緊繃關係，台灣包括游資及產業在內的投資市場，自然也難以撥雲見日。

政黨競爭是總統大選後一直存在的問題，由於執政黨與在野黨始終無法消除鴻溝，自然也就不太可能到「相忍為國」、「將相和」的地步。政黨惡性競爭對於投資環境及民眾心理的影響，就好像家中大人吵架，小孩子難免擔心受怕一般，試問誰還會對投資前景樂觀呢？

投資市場就是如此複雜，不但影響的因素及變數多如牛毛，而且還是交相影響，除非有「推背圖」或「燒餅歌」，否則誰能說得準呢？

面對上帝才知道的投資市場，一般散戶投資人與其隨時抓住市場脈動，遠不如牢牢緊記一些投資金科玉律。唯有如此，你才能在法人、大戶充斥的投資市場中立於不敗之地。

投資市場極其複雜，而且難以預測。掌握正確的投資原則，可以達到以少變應萬變的效果。

見樹不見林
——投資專家的盲點

不論是經濟學者或是投資專家，都不能保證是投資市場中的常勝軍。原因固然有很多，但是過份將視野置於經濟面是一個主因。即使連專業人士都會有見樹不見林的盲點，那你呢？

投資市場是難以預測，有時甚至是不可測的，即使是投資專家也是如此。在台灣，尤其是如此；而且，可能不得不如此。

令人記憶猶新的，在八十九年總統大選之前的一段時間，當股市來到萬點以上的行情時，是不是有一些很有號召力的股市名嘴、老師及專業分析師都看好一萬一千點、一萬二千點？是不是連官夫人都喊出一萬五千點？那時是不是有很多人都瘋狂的搶進了？

到了民進黨執政後，有多少人相信股市會從萬點高檔，在半年即下跌至不到五千點呢？當時，除了國民黨相關人士喊出民進黨執政股市必將大跌之外，有多少投資專家也看壞股市後勢？尤其是在當時經濟成長率、失業率、外銷訂單尚未拉出警報之前？

投資專家看什麼？他們看的是「數字」，而且僅是看過去及現在的數字。看某家上市公司的盈收數字、看財測數字、看本益比數字、看外銷訂單數字。但是他們看不到什

理財相對論

麼？他們不容易看到、或是不敢說出經濟面以外的東西，投資盲點就是由此而產生。

投資市場是經濟活動，但是很不幸的，影響它的絕不只是景氣面的經濟因素而已。政治，也是影響投資市場的重要因素，而且在台灣，政治對投資市場的左右能力，經常超越經濟因素。

真正能夠主宰台灣經濟表現及投資市場的因素，大概有三個：兩岸、國際及企業。儘管目前台灣這三者都出了嚴重的問題，但是無疑的，兩岸的政治問題不但出現的最早、持續進行、而且最為嚴重。

遠在美國那斯達克指數由五千多點高峰急墜之前，台灣股市就開始大幅回檔；甚至在美國享有十來年的經濟榮景期間，台灣股市就上沖下洗了若干回。為什麼？因為不論是外資及本土資金，始終抹不去心中那一塊烏雲黑影，就是來自海峽彼岸的軍事威脅。這個因素，不僅在台灣十多年前股市狂飆後就開始作祟，這幾年的殺傷力也「著毋庸議」，而且預計未來若干年都將繼續「肆虐」。

現在，比較麻煩的是，國際經濟也出現了景氣衰退，導至台灣經濟成長率一再向下修正，甚至出現負成長。另一方面，台灣本土產業也出了狀況，因為大環境的關係，不得不紛紛移往大陸發展第二春、或者乾脆結束營業，因而導至失業率的節節攀升。

由這兩年來台灣的投資環境來看，不但變化快速，而且

持續下探,更值得強調的是,有相當重要的因素是來自於兩岸政治面。對於大多數僅嫻熟於經濟面的投資專家而言,要充分掌握市場脈動及趨勢,無疑的是困難了些。

　　有鑑於此,如果你將來還有閒錢投資時,不妨如此做做看:經濟面的,就聽聽投資專家怎麼說;經濟以外的,就自己拿點主張吧。

　　　投資市場有太多的專家,但是專家並不保證盈虧,因為他們都有各自的盲點。

輸與贏 的道理很奧妙
——— 投資專家管用嗎？

台灣也許真是一個海島國家，充滿了崇拜心理。哈日風、偶像崇拜，甚至迷信投資專家。但是，台灣的投資專家真的管用嗎？

　　台灣的投資專家看來還真的不少，電視台正規的財金單元就常邀請「名門正派」的高級主管解盤或回答叩應；另外也有很多「半路出家」的老師口沫橫飛的講解明牌，而且氣勢比專業出身的投信、投顧更強。甚至號子內的營業員也無可避免的扮演「軍師」的角色。但是，這一大堆的投資專家真的管用嗎？

　　不論各類型的投資專家出身背景為何、道行高低差距多大，在媒體上拋頭露面大概不出三種動機：一是為名，希望成為股市分析界的名嘴；另一是求利，希望藉此招到大量的會員，成為日進斗金的財源；第三是「人在江湖、身不由己」，可能是應媒體之邀，或是迫於公司指派，只好硬著頭皮上陣。

　　這三種動機中，求名的還好，至少還有愛惜羽毛之心，對於自己看好的上市公司，尚不敢過度吹捧；對於看壞的股票，也總還保留點餘地，總之希望能夠在業界長久發展及佔有一席之地。求利的專家，當然基於飯碗的緣故，對於建議買進或賣出的明牌，難免會說的露骨些，至於下了節目後的

會員傳真操作建議，那當然就會「知無不言、言無不盡」了。這一類型的老師，比較好的是與會員同步操作，大家一起賺或一起虧；比較麻煩的是反向操作者，就有點像老子所說的「天地不仁，以萬物為芻狗」了。至於人在江湖、身不由己型的專家，通常並不特別求名或求利，但是既然被指名披掛上陣，多半總會拿出平生所學，儘量給予投資人一個較為中肯的建議。

面對台灣特別多的股市專家及老師，有幾件事情是讓一般投資人甚至內行人感到很矛盾甚至很無奈的。

1.老師及專家很多，到底要找誰？究竟要相信哪一個？總不能每一個都當成心中的偶像吧？

2.不同的投資專家，經常對大盤及個股，有不同的看法及預測，而且每個人都說的頭頭是道。這種情形在不同的經濟學家主張中也常看到類似的分歧。那麼，做為一個並不太懂選股策略的投資人，在不可能正反兩面都同意的情況之下，到底要相信正反哪種意見呢？

3.即使多數的股市專家，對於後勢的看法趨於一致，但是往往事後卻驗證大家都錯了。例如，當總統大選之後、股市初來到一萬點之時，有幾個專家敢冒大不韙，敢說大選如果變天，大盤加權平均指數會跌到五千點以下？當時有誰不是鼓吹大多頭行情即將來到的論調？當投資專家以經濟面預測股市，卻因為缺乏對政治發展足夠的判斷力時，你能怪這些專家嗎？

4.很多崇拜老師的投資人，往往會發現，有些老師長期下來，對於個股股價的預測準確度確實異於常人，但是槓龜的時候仍然有之，甚至嚴重時會發生小賺大賠的情形。這時，你又如何能解除心中的鬱卒呢？

在投資市場上，其實只有「贏」與「輸」，也就是賺與賠這兩件事。剩下的就是時間與金額的不同罷了，例如，是贏比輸多或是輸比贏多；或是一段時間內，不管是何名目在了結後，究竟是賺了多少或賠了多少。任何投資人要謹記在心的是，沒有人能保證讓你一定賺，老師、專家固然不能，即使連諾貝爾經濟將得主也不能。如果一定有人能，大概只有上帝能夠勝任。

如果你夠聰明，可能會發現一件事。投資專家雖然不能保證讓你一定賺錢，但是他們有兩件事通常或很可能比你強：一個是他的操作績效可能比你自己的決定好一點；另一則是當他們在分析市場或股價時，你只有聽及發問的份，甚至連一起討論的空間及能力都沒有。

對於台灣眾多的投資專家，我的看法及建議是：即使你完全無福聽教（不論是沒時間或不屑），也不見得會讓你的投資有所損失。如果你只是聽聽做個參考，那倒是個明智之舉。要是你自己心中已有定見，再和這些專家的言論作個印證，在英雄所見略同之後增加投資信心，那就算是很理性的投資人了。比較不幸的是，如果你覺得自己對市場一無所知，不論是相信每一個分析師所言，或是只信服少數幾個專

家的明牌，那麼只有願上天保祐你的血汗錢了。

　　台灣的投資市場有時真會讓人捏把冷汗，有形形色色的專家老師、有數不清的人云亦示投資人、加上千瘡百孔的上市公司，更不用提又有一個見習政府了。用「如臨深淵」、「如履薄冰」這兩句成語來形容台灣的投資市場，相信絕不為過。

　　　客觀的參考投資專家意見，主觀的選擇自我投資之路，兩者宜相輔相成而不可偏廢。

民族信心問題

——————— 外資是神嗎？

散戶喜歡問專家，專家習慣看法人，法人則唯外資馬首是瞻。外資只是一個抽象名詞，誰也摸不清、抓不住。如果你跟定外資的腳步，那麼你會發現，外資其實也不一定有什麼規律。

在投資股市的芸芸眾生中，大約可以分為個人及法人兩種。個人可依投資金額的大小再區分為散戶、中實戶及大戶等。法人則包括外資、投信及自營商。其中，外資似乎頭上罩著一層光環，而且一動一靜、買進賣出都備受一般投資人的關切。

外資，當然就是來自外國的資金，其實在台灣股市資金動能中所佔的比重並不高，至少是低於一成。外資之所以能在台股中洞見觀瞻，當然也不是沒有道理，例如，有客觀及專業的代客操作及研究團隊、國際對台股走勢看法的代表性，都讓外資的買賣成為台股的指標。

在習以為常之下，多數投資人便經常隨著外資法人的腳步前進。例如，當外資大舉賣出一些上市公司的股票時，就有許多人寄望其價格水漲船高而放心買進；當外資賣超一些股票時，不少投資人也就直覺的認為這些股票可能有些「不測」了。

有兩個應該思考的問題是，外資到底是如何決定買賣台

灣股票的？台灣投資人應不應該隨著外資的腳步起舞？

對於第一個問題，如果稍加理性的思考，便會發覺其實外資的進出台灣股市，是難以捉摸的、甚至是沒有軌跡可循的。甚至，在台灣的外國券商，自己也抓不住所謂的「外資動態」。

原因很簡單，就是外資的來源及心態太過複雜了。

在台灣股市的外國資金，有所謂的美系、日系及歐系。歐洲人看台灣股市的觀點，豈會和日本人完全相同？美國人的操作方式又有其獨特性。

再進一步看下去，所謂美系資金，也是來自於美國不同的投資人，其中有美國的一般散戶，也有大戶，更有基金法人，甚至有假借美國資金的台灣投資人。在這些資金來源中，每一種「人」想要買賣那幾家公司的股票、對台灣各產業前景看好或看壞，又各自大不相同。其他體系的資金，也有同樣的現象。

再深入觀察，所謂外資的買進或賣出，又經常千變萬化。以賣出為例，如果某日公布外資賣超某些股票多少億元，可能是因為有某些外國投資者獲利了結，與看壞後勢無關（天知道他們是用多少錢買進的）；也可能是單純的看壞後市而不想套牢；甚至是因為他們因為需要用錢而抽出部分在台灣的資金，與投資策略並無任何關係。

試問，在如此複雜的情況之下，有誰能夠真正掌握住外資的真正動向。

理財相對論

　　因此，細心一點的投資人，應當會發現兩個奇特的現象。一個是同一支台灣股票，可能外資今天賣超多少億元，明天又買超多少億元。既然是同一支股票，而且一、兩天內又沒有發生什麼天大的事情，外資一天買超、隔天賣超如何能讓人掌握住呢？第二個現象是，外國證券的專業經理人對台灣後市的看法，往往與外資同期間的動向剛好相反。例如，當外資大砍台股的時候，外商證券分析師卻看好後勢，反之亦然。這種情形顯示外商分析師雖然會針對外國投資人提出專業建議，但是卻不能越俎代庖，實際的買與賣仍然必須聽命於外國的投資人。

　　針對第二個問題，既然外資的來源極其複雜，那麼當然不必隨之起舞，做個參考就可以了。這個道理可好比一個例子，當你去問十個朋友對於一部新片的看法時，可能認為好看與不好看者各佔一半，至於好看或不好看的理由，每個人的說法各自不同。最有效的作法，就是自己去看。當然，如果是一部曠世鉅作，十個人中有九個人說棒，那當然非看不可了；同樣的，如果有一支股票外資猛買，只要你覺得價格不是太高或已超漲，當然可以因為它是一隻有潛力的股票而加以投資了。

　　對於外資，其實不必一昧的迷信，因為連老外也搞不懂、抓不住外資的脈動。因為外資只是個「集合名詞」，它是由好多好多的投資個體所組成，而投資市場上絕對沒有「萬眾一心」這碼子事的。

但是，對於外商證券分析師的意見，台灣投資人倒是不妨多加「洗耳恭聽」，這為這些人都有充分的財經專業知識及實務操作經驗，而且多半能夠不違「客觀」兩字，這也是為什麼有些外商證券分析師（包括外籍及台籍），其一言一行經常在投資市場上會被奉為圭臬的原因。

　　　　盡信書不如無書，對於外資法人的各種主張，不也正是如此嗎？

理財相對論

外行 領導內行
————股市護盤的國際笑話

政府施政績效與股市榮枯的密切性，是台灣在國際舞台上的一個
笑話。另一個笑話是，有權主導護盤的人未必有專業知識。

　　請告訴我，有哪一個自詡爲已開發的國家，有動員政府
可運用的資金，直接用於股市護盤？當然，台灣除外。

　　股市，在金融術語上叫作「直接金融」，就是企業借由
股票上市，直接由投資大眾的手中，取得所需的營運資金；
這個名詞是相對於向銀行貸款的「間接金融」而言。對於投
資人而言，則是希望藉由購買有發展前景、有利可圖的上市
公司股票，得到股票的股利股息、甚至價差而獲取利益。

　　可是，好像沒有聽過這樣的情事，上市企業經由政府護
盤而取得營運所需的資金；或是投資人藉由政府護盤而獲取
利益。

　　股市，在下跌時，可能是因爲股價下跌的公司出現一些
問題，例如，產能衰退、獲利數字降低，或者是先前的股票
受不合理炒作而過度飆漲；也可能是受到該國的經濟出現警
訊而被拖累；當然也很容易因爲國際整體經濟景氣下滑而受
害。

　　如果是個別上市公司出現問題，那麼這家公司就應「男
兒當自強」，想辦法提升經營效率。如果是一國的經濟出現

122>>

警訊，那麼就要看看是出在經濟面的產業問題，還是金融面的貨幣供給問題，或者是政治面的動亂不安，甚至是軍事面的戰亂。如果是整體國際景氣欠佳，那麼就要看看經濟大國美國、日本或西歐國家有沒有什麼法寶，台灣則很難使得上什麼力氣。

可是，好像沒有聽過這樣的情事，當股市因為國家經濟出現警訊、或是整體國際經濟景氣下滑而致大盤指數下跌時，要由政府動員各種力量進行護盤。

政府對股市護盤，為什麼沒有被先進國家所採用，當然是有原因的。這些原因即使是不具有財經專業背景的人，可能都想得出來，而且也都能理解。

第一個不被採用的理由，就是如果護盤失敗，這筆帳算誰的？

例如，政府用勞工退休基金去護盤，賺了錢當然是「天下太平、國泰民安」，可是萬一不幸虧了錢，這筆帳該算誰的？由總統或行政院長負責？由財政部長負責？還是由勞工承受？如果用郵儲基金護盤，天不從人願而虧損，應該由政府預算彌補？還是存款戶活該倒霉？或是由操盤人賠錢了事？

投資股市是這樣子的，個人投資失利，無話可說，因為好漢做事好漢當；公司法人賠了錢，也就算了，只要不是拿正常營運所需的資金就行啦；可是政府就不同了，因為政府所能掌握的金錢，是來自於人民全體，不論是代管或是執行

預算，都有輸不起的問題。

第二個不被採用的理由，就是扭曲市場經濟。

經濟是一個很重視「眞」的事情，這是它之所以成爲社會科學的一個重要理由。股市表現好，當然是由於上市公司爭氣、投資人對前景有信心、政府各項施政有績效等因素所致。相反的，股市一片慘綠，也正是部分或多數的上市公司盈餘不理想、投資人覺得買什麼賠什麼、或是政府的表現讓人搖頭歎息。

在這種情形之下，誠所謂「解鈴仍需繫鈴人」，說的通俗一點，就是「在哪裡跌倒就從哪裡爬起來」。上市公司差勁，就要想點辦法加油賺錢；政府施政很遜，那就要設法做到「民之所欲，常在我心」。當然，如果實在「爬」不起來，那麼股市就會一直躺下去，而且活該如此。

如果政府護盤，短期之間好像指數就會跌得不那麼重，甚至還會營造短多的繁榮景象。但是後遺症可多啦。例如，有些公司該倒不倒，爛攤子愈來愈大；某些公司因爲政府的「庇佑」而不求上進；政府更可能因爲護盤產生效果而逃避原先政策偏差的缺失，此正所謂「模糊焦點」是也。

因此，正由於政府對股市護盤，而使市場經濟與「眞」漸行漸遠，使得一顆定時炸彈隨時可能一觸即發，一旦資源用盡，一場浩劫便將來臨。

第三個不被採用的理由，就是公平性問題。

政府護盤時，有一個核心問題很令人困擾，就是該買誰

家的股票，又該賣哪家的證券？如果台積電買的多些，對聯電如何交待？只買中鋼，那麼台塑一定有意見。如果買雞蛋水餃股，可能有人會說是利益輸送，因為甘冒投資問題公司股票的風險，不是利益輸送還會是啥？

對投資人而言，也莫不眼睜睜的注視著政府一舉一動，散戶的應對之道是急於跟進，大戶則是勇於對做獲利。對於政府各種基金究竟將投資哪些股票，在市場上也產生了濃厚的猜測行為與預期心理。

換個角度來看，如果美國政府動用資金去投資可口可樂公司股票，那將會掀起多大的風暴？如果日本政府護持本田汽車股票，是不是首相會被轟個半死？當輿論界批評政府為什麼投資這家而不買那家公司的股票時，有那個官員可以振振有詞，說得出一個所以然來呢？

台灣股市低迷，其實原因並不複雜。老問題則是兩岸關係一直緊張，前幾年有部分公司護盤失利或掏空資產，後來產業紛紛移往大陸開創第二春，近來又因為國內政治惡鬥及國際景氣趨緩而雪上加霜。

正確的解決之道，是兩岸問題能不能先坐下來談談，讓人民有免於恐懼的自由？台灣各政黨能不能相忍為國，尤其執政黨能不能展現包容力，讓人民刮目相看？面對產業外移，政府能不能拿出什麼法寶把產業留住？或是發展其他新興產業取而代之？面對國際景氣低迷，有沒有辦法提升廠商的競爭力？

理財相對論

　　股市低迷，造成的原因很多，但重點是要對症下藥。如果無視於此，而寄託於股市護盤，那麼不但容易愈護愈糟，而且很可能一直護到「藥石罔效」。

　　　　股市護盤是台灣特有的現象，它的問題只有一個：就是缺點遠多於優點。

Wealth 理財篇
Finance

節流有時勝於
開源 不景氣時的法寶

不景氣錢難賺，也就是開源難。如果開源不易，再不能節流，那麼最好是有花不完的存款或有價證券。

　　台灣正逢經濟不景氣，而且預料還會持續一段時間。節流一直是對抗不景氣的一個良方。可是，節流，要如何「節」呢？又要節那一段的「流」呢？

　　一般人在想到「節流」兩字，總是心情沉重，感到如臨大敵，好像從此就將過著非人般的生活。這是人之常情，因為老祖宗不是早就說過凡事「由儉入奢易，由奢入儉難」嗎？

　　不要怕，節流的第一個觀念就是要去除害怕的魔障，也就是「按比例減少支出」。

　　節流並不是要叫你從此不准吃肉，更不是勸你以後不准逛街，只不過是希望你減少花費。

　　一般而言，每個月的開銷，能減少個一成，就算是不錯的節流了，能夠做到兩成，那就是很有定力了。例如，你的家庭每個月收入十萬元，有些開銷如房車貸、子女教育及雜支費，菜錢、水電瓦斯、交通等是不能夠偷斤減兩的，這些支出就去掉了六萬元，剩下的四萬元就是平常可以做為自由花費，例如，購物、娛樂、休閒。那麼就要想辦法將這些自

由花費的支出減少個一成，養成習慣後再往兩成邁進。如果平時就習慣將這四萬元金額，固定存個一、二萬元，那麼節流意思一下就可以了，因為平日已有儲蓄的習慣了。

節流的目的，就是要節省開支，一方面省點錢以備他日不時之需，一方面藉此養成過簡單一點點生活的能力。如果平日已有儲蓄的習慣，不景氣時只要稍微節流一點就行了；如果平時沒有儲蓄的習慣，原則上一定要減少非必要的生活費至少一成。

節流的第二個觀念，就是要「減少不必要的花費」。

在任何時代、任何國家中，人們永遠會去追求一些並非必要的東西，只是這些東西的名稱，會因時空環境的而有不同。在台灣，名牌服飾當然不是必需品、高級音響及電器也不是、豪華進口轎車自然更不是、出國豪賭或買春當然就更等而下之了。

即使是日常生活用品，只要是買多了，就是不必要的花費。例如，很多家庭都有如此的經驗，過多的肉或菜擺在冰箱太久而酸掉發臭、家裡常有剩菜剩飯倒掉、衣櫃裡好像有幾件衣服絕少穿過、有些看似需要的小家電買回來後就擺在一邊不曾用過。

在過去，由於失業率並不高，股市及房地產價格也還過得去，一般中產階級家庭的消費及購買力都不算太差。在「賺錢不難，花錢容易」的情形下，難免會去買一些生活上並不實用的商品，當初購買的動機不外乎是崇拜名牌或是滿

足購物慾。到了不景氣時，除非仍然有很強的賺錢能力，否則還是要考慮減少不必要的支出，尤其是不必要的高消費。

節流第三個重要概念，就是要學會「比價」。

投資不外乎是賺取價差及利息，消費當然也可以賺取價差，兩者之間明顯的差別在於，投資的本金「風華應猶在」，可是消費卻成了「只是朱顏改」，也就是投資的本金仍在，消費之後錢卻花掉了。消費如何賺取差價，當然就是比價囉。

消費比價，可以分為「地」與「時」兩種時機，「地」就是比較不同商店販賣同一商品的價格差異；「時」則是同一家商店，在不同時間販賣同一種商品的不同價格。

在「地」的時機方面，例如，家裡電視老舊，你想買一台新的電視，不同的電器量販店絕對會有高低的價差，如果只是買個20吋小型電視，搬上車就帶回家了；如果是二十八吋以上，就要問問運費有何不同，免得有些商家要些電器便宜、運費超貴的噱頭，那就中計了。

至於「時」方面，太太小姐們通常最擅於此道，打聽哪家百貨公司週年慶、換季大拍賣、甚至什麼「X折起」，都是女士們的「基本功」。男士們也是一樣，買西服不妨等換季或有折扣的時候揀便宜貨，買車子等待零利率、降價、送超級配備的好時機。

如果在消費時能夠做好比價的工作，當然就能夠達到省錢的效果。既然省到了錢，自然也就算是一種節流的行為。

理財相對論

因為，節流不就是少花錢嗎？

節流第四個觀念，就是「轉移注意」，用流行話來說，就是「模糊焦點，轉移話題」。

要知道，一般人對節流最感痛苦之處，就是對於花錢消費很難「戒急用忍」，有時一昧去談如何縮衣節食，無異於對牛彈琴。如果能夠轉移注意力，可能在不知不覺中就戒掉了胡亂花錢的習性。

不景氣時，有一個特色，就是賺錢困難，更不要提日益增加的失業族了。在這個尷尬時間中，「開源」既然出了問題，不可避免的就要想辦法做「節流」。如果有正確的節流觀念及做法，不但實施起來會比較輕鬆，而且效果也會顯著很多。

> 不景氣時開源甚難，節流遂成為必要。試試看，節流當然困難，但也並不是想像中的那麼困難。

與巧取豪奪 何異
———— 放過市井小民一馬吧

加油、吹冷氣、打行動電話、繳違規罰款，都花了你我不少的銀
子吧。如果一個家庭每個月要支出這些費用超過一萬元，會不會
繳得心服口服呢？

　　個人及家庭，通常每天都會做的一件事，就是花錢。花
錢的時候，通常都會有「爽」的感覺，因為「買什麼」及
「花多少錢」都是由自己決定的。但是，有時候也有例外，
而且讓人花錢時有很鬱卒的感覺。想一想，有沒有這樣的情
形呢？

　　通常花錢讓人有鬱卒的感覺時，很奇妙的就是，它經常
與「大有為」的政府是密不可分的。

　　例如，當你要買汽車時，可以貨比三家，然後依據誰的
價錢合理、那個廠牌的品質好，而作成決定。可是，當你在
吹冷氣的時候，你不能自行決定要選擇哪一家電力公司，當
然更不可能去比價。你和家人能夠作抉擇的是：要不要吹冷
氣（或是使用電暖氣、除濕機等）？一天要開多久？要不要
吹得涼一點？除此之外，你並沒有其他的選擇。因此，當你
的家庭電費單寄來的時候，如果在夏季要繳個五千元以上，
是不是只能「罵在心口難開」呢？

　　汽油費其實遠比電費來得高。以台灣平均每個家庭一部

汽車來算好了，每個月的汽油費大概不會少於三千元，比起電費兩個月收一次而且非夏季用電費較少相比，仍然是油費遠比電費高。如果你經常有出國的機會，看看其他國家的汽油價格時，會不會覺得自己有當冤大頭的感覺呢？以前，石油公司是只此一家、別無分號，現在即使多了一家台塑石油，但是其實差距有限，因為台塑只能煉油而不能進口原油，所以市價差距並不大，只好用「五百元以上送一盒面紙」或「加油天天抽獎」等枝微末節作競爭。每當你的豪華轎車加滿油就去了一張千元大鈔時，你會不會想如果可以有更便宜的汽油、石油公司，那該有多好。

台灣民眾對於電信公司的怨言，相信應屬「著毋庸議」了。價格及服務一直是許多民眾所詬病之處。舉一些令人不解的例子：如果這幾年來受到民營電信業者的壓力而一直降價，那麼往年所收取的費用豈不是「暴利」嗎？申請電話時要保證金，可是退話時卻不准退錢，這是那門子的規定？先前曾有電信公司萬人抗議之舉，可是公司方面卻宣稱不會影響正常業務，讓人聯想到這一萬人或許是「冗員」。

除了油錢、電費、電話費，堪稱台灣人的理財殺手之外，還有一顆不定時炸彈，更會隨時將你我的荷包炸得千瘡百孔，那就是違規罰款。

論起台灣的交通違規罰款，那可真是琳瑯滿目，算是台灣的另一項奇蹟。請看：路邊停車收據五天內就要納繳，否則一張要罰六百元，至於那五天之內你是出國、忘記，一概

沒有人情可講，更不要提萬一夾在雨刷下的那張單據，如果是被風吹走了、萬一被惡作劇的人拿走了。再看，北二高那麼筆直、漂亮的高速道路，時速超過一百公里就要罰錢，而且一罰就是三千元，要怪只怪閣下汽車性能太佳、或是當時心情太好。還有，君不見政府太過有錢，在各縣市四處設立固定式測速器（更不要提數量龐大的移動式雷達測速器了），有時甚至一條路即設置多座，而且單向三線道路，經常限速四十公里，因此每當夜深人靜時，很多道路的「鎂光燈」此起彼落的閃亮，好像在影劇新聞記者會的現場一般。

再讓我們看看，政府及獨佔公營事業一年的收入是不是很嚇人呢？

先看中國石油，八十八會計年度這個石油巨人的的營業收入是多少呢？不多，「只有」新台幣六千八百多億元，以台灣二千三百萬人來換算，平均一個人一年花在一家公司油品上的金錢「只有」約三萬元。如果是一個五口之家，那就是「區區」的十五萬元囉。

再看看台電，比起中油實在遜多了，一年營業收入「只有」二千八百多億元，平均一個人一年花在電力的開銷，大約是一萬二千元。記住，一個人花在油、電上，一年就要四萬二千元囉。

接著再看中華電信，一年營業收入接近二千億元（最大的市內電話，約六百七十億元），平均一個人一年的花費，大約是九千元。記住，油、電、電信費三家合計，平均一個

人一年就要花掉五萬一千元。

最後再看看交通違規罰款，去年台灣罰款收入大約是一百五十億元，平均一個人大概一年要繳個六千五百元。汽車駕駛人的感受會比較強烈，因為以五個人中有一個人駕車來看，一年的罰單支出就是三萬多元了。不管如何，台灣民眾每人平均一年要花在油、電、電信、交通違規的支出，大約就是五萬元了。當然，這只是一個非常粗略的統計數字，實際的情形必須另外做精算。

台灣民眾經年累月便是在這種環境之下：因為獨占事業，所以夏天吹沒有選擇性的高價位冷氣；因為獨占因素，所以只能使用價格高於鄰近國家的汽油；由於獨占理由，多年來必須忍受高昂的電話通信費用；由於「業績」因素，所以我們的汽車不能夠在高速道路開得「稍快」（時速不能超過90公里），在市區時也一定要「慢行」（時速不能超過40公里），否則就是與自己的荷包過不去。

也許很多民眾心中會有千百個為什麼：為什麼這些大公司不少請一些員工，尤其是少請一些錢多事少的人員？為什麼一定要繳金額龐大的「法定盈餘」給政府？為什麼不能開放民營競爭，而且是要真正的開放？為什麼交通違規的標準及執行，不能訂得人性化一些呢？為什麼中油一年的營業收入將近七千億元，而稅前盈餘卻只有一百七十八億元？為什麼台電的用人費率可以高到百分之十五，而且人事支出可以高達七百億元？

在經濟景氣好的時候，多數民眾對於獨占事業及違規罰款，大多能睜一眼閉一眼；但是在極其不景氣、不少民眾已自顧不暇之時，恐怕或多或少會視這些費用為「巧取豪奪」。

拜託，敬請大有為的政府，放過小市民一馬吧，讓大家的生活好過一點吧。

在市場並未真正開放的社會中，隱藏著沉重的生活成本，而且老百姓早已習慣了。真正有為的政府，會想盡辦法去除這些枷鎖。

年輕一代的 悲哀
——————— 信用卡與大哥大的殺傷力

年輕的一代有些事情看開了，例如，不再非買房子不可。但是，也有些地方真的放不開，例如，刷卡很猛、講大哥大很帶勁。結局都差不多，就是手頭變得好緊好緊。

你有沒有注意到，不論是報章雜誌或電視媒體，都常會有信用卡及大哥大的資訊，不論是新聞或是廣告？對於這兩者，你我都是資金的贊助人。

就廣告來說，信用卡及大哥大是不是出現的頻率很高？為什麼廠商要長期性的編列預算刊登廣告，因為有商機。商機從何而來？當然是由你我而來。就新聞來看，是不是常會有信用卡刷卡金額或發卡量屢創新高的新聞？刷卡消費金額屢創新高是誰創造的？當然也不外乎是你我。

在台灣，信用卡與大哥大有一個現象，就是年輕族群成為消費主力。如果你不信，可以向家中或鄰居的三十歲以下的年輕人打聽一下，是不是有很多人每個月平均要繳兩、三千元以上的大哥大通訊費用？是不是也要繳個三、五千元的信用卡費用？在這兩者當中，大哥大的後遺症較小，因為通話費是按月結清，繳的時候有點痛苦，繳完後就不欠電訊公司了；即使暫時沒錢繳，頂多一、兩個月後電話公司就斷訊，也不見得要對簿公堂。但是信用卡的後遺症就大多了，

因為很多人是採取循環式繳款，每個月只還個最低金額，實際上仍欠銀行一筆銀子，尤其是在同時申請多張信用卡，而每張都刷了不少錢時，償債的壓力便特別的大。

如此一來，台灣便出現了一種很普遍的情形，就是很多的年輕人，每個月要花個五千元至一萬元，去支付信用卡及大哥大的費用，而且還欠銀行一筆錢。對於每月收入不到三萬元的職場新兵而言，這兩者的財務殺傷力是強而有力的。

造成過度消費、還錢壓力大的最主要原因只有一個，就是「方便」兩字。凡人、尤其是社會經驗較少的年輕人都有一個通病，就叫「理財近視眼」，只看到眼前的方便，卻看不到一個月後還錢的痛苦。

大哥大，當然方便。出門在外，和朋友連絡就靠它了，如果是男女朋友打來，一時興起，不講個五分鐘實在不過癮，而且也似乎太沒誠意了。儘管同一家門號有折扣優惠，但是你總不能要求每一個朋友都使用同一家門號吧？如果是朋友打來，你可能會想反正是別人付錢，不講白不講；如果是你打給別人，只要一時心情好，時間就不知不覺的過去了，即使心中想到通話費不少，再想想反正是下個月才付錢，心一橫就豁出去了。

信用卡不也是方便無比嗎？不管這個月手頭是不是很緊，反正信用卡的好處就是先消費再付款，而且可以每月只還最低消費金額。何況銀行都推出紅利積點、現金回饋、甚至還有抽獎，既然是一定要花的錢，又有禮物可拿，何樂而

不爲呢？

　　如果你還有一顆算是清醒的頭腦，在無聊時不妨稍爲想兩件事，一是信用卡及大哥大這兩種商品的創立目的及其正確的使用方式；另一個則是這兩種商品的價格划不划算？

　　對於正確的使用方式，一般人很難在生活周遭獲得正確的知識。其實，信用卡不是唯一的支付工具。它被使用的時機，應該是手中剛好沒有足夠的現金、出國避免換匯的麻煩及其他特殊的時機。原因很簡單，只有一大一小，主要是它的利息奇高無比，次要的原因則是台灣的信用卡盜刷是舉世聞名的。大哥大的正確使用時機也頗類似，就是身旁沒有室內或公用電話、必須使用大哥大通訊時，而且通話的時間以長話短說爲原則。原因也很簡單，就是台灣的大哥大費率儘管多年來一直調降，但是還是高的嚇人。

　　另外一個你最好想想的就是，信用卡除非是按月一次繳清才沒有利息的問題，只要是採用循環繳款方式，以接近年利率20%的超高水準，絕對不符合理財的原則。大哥大也是一樣，即使現在已進步至以秒計費，但是你不妨算算大哥大通訊費用是室內電話的多少倍、甚至出國時有雙向付費的情形，就可見行動電話絕對不是一種經濟、大量使用的通訊方式了。

　　現在已有愈來愈多的年輕人，受限於高房價的壓力，捨棄了「有土斯有財」的傳統觀念，改爲租屋或與長輩同住。但是取而代之的卻是有如夢魘般的大哥大及信用卡居高不下

的費用。兩者相比之下，購屋雖然必要，但是至少在節衣縮食多年之後，還能擁有一個適度保值的不動產；但是大哥大及信用卡經年累月的消費下來，一切有如過眼雲煙，不會有什麼東西留下來。

當然，對於年收入在百萬以上的家庭，每月花個八千、一萬元在行動電話及信用卡上面，還承受得起；但是對於年收入只有區區三、四十萬甚至更低的年輕族群而言，除非你有個有錢的老爸、或是有把握很快就會中個公益彩券大獎，不然還是好好思考一下，能否做到信用卡能不用就不刷、大哥大能少講就不要饒舌？

記住，少用信用卡及大哥大，很可能會讓你覺得不過癮、甚至很不爽，但是更可能讓你在收到帳單時，減少痛哭流涕的次數。相信我。

> 信用卡與大哥大，都是方便無比的現代產物。過度消費及不正確使用，會讓這兩種產品成為啃噬個人經濟的怪獸，尤其是年輕的一代。

錯誤觀念 害死人
—— 有如貞節牌坊的購屋觀

從前有一個時代，暢導有土斯有財的觀念，結果有多少人為了償還房貸本金及利息，犧牲生活品質，到頭來真的變成不動之產。

　　國人一直有一個很傳統的觀念，就是「有土斯有財」。影響所及，大家都要買房子，至少自己的住宅一定是要自有的。逐漸的，房地產也成了一種投資工具，而且一度被視為投資報酬率奇高無比的工具。現在呢？是不是會令人有種恍如隔世的感覺呢？

　　你有沒有發現，無論是在國內或是在其他國家，比較喜歡炒地皮的是台灣人、日本人、香港人。炒作房價先是在台灣、日本都會區、香港，然後逐漸擴及於美國、加拿大等商業或移民風氣較盛的國家，最後再全力炒作大陸上海、深圳、北京等都市的房價。

　　不妨去問問，這三種人在國內及海外炒地皮的結局如何？日本人買下紐約洛克菲勒中心的下場如何？多少台商及港商在上海買樓，希望能夠撈上一筆而翻上幾番，現在的結果呢？都是悔不當初。

　　以台灣而言，早年民眾熱衷於購屋自有其背景原因，例如，地狹人稠，房子會愈來愈貴，不早買鐵定吃虧；有土斯有財的觀念牢不可破，租房子或住在產權不屬於自己的房

子，無異於失根的蘭花；買房子相當於儲蓄，退能保值、進則獲利、甚至可能獲取暴利，何樂而不爲呢？

因此，在那個時代，如果有錢而不買房子，很可能被視爲「怪胎」或是沒有投資眼光；沒有錢買房子則更被視爲無法養家活的象徵。反之，有個兩戶以上房子的人，則通常被羨慕的眼光所包圍，因爲這幾戶房子的價格將來可能成爲一筆天文數字。當然，看壞房地產投資前景的人，固然少之；即使有如伽利略式有識之士，大概也不太敢犯眾怒，以免被眾人用異樣的眼光看待。

當然，現在來看房地產的投資價值，就比較客觀了。例如，有幾個觀念現在可能比較容易被接受。

首先，土地既然是有限的，那麼建築於其上的房子便不應受到壟斷或炒作，因爲有屋而居應該是理想人類社會的基本權利，例如，可以參考新加坡政府是如何看待民眾的居住權利。因此，住宅的最主要功能，應該是供人居住，而且最好不要是很多房子爲很少人所有；住宅絕對不適宜做爲像是股票、期貨、外幣等投資工具。

其次，房地產會帶來財富的神話，已被低銷售率所打垮。例如，從民國七十九年房地產狂飆時代結束後，這十年來台灣的房地產價格多數是下降的，原因很簡單，就是買氣下降了。買氣下降的原因很多，例如，很多年輕人因爲房價已高而只租不買了；建商因容積率管制而搶建的結果，造成全國幾十萬戶的空屋，一時之間難以消化；尤其是目前正逢

經濟不景氣，更沒有多少人願意在此時花幾百萬元買房子。

再者，以投資的觀念去看房地產，有時正如水能載舟、亦能覆舟的道理。固然，房地產可能讓人在某段時間內大賺其錢，甚至造成若干一夜致富的神話；但是，當風水輪流轉之後，房地產不但市值大幅縮水，更糟糕的是脫手困難，而形成了「不動之產」，反而得投資的負面效果。

讓我們想一個比較悲觀的情形。假設台灣有六百萬戶新舊住宅，在五百多萬戶完成交易中，有七、八成以上的屋主因房價低落導致資產縮水，尚須逐月攤還積欠銀行的數百萬元貸款。這些家庭之中，除了原本富有者影響不大之外，屬於中等甚至中下等收入者，因為購買自用住宅或投資更多的房地產，不但資產縮水，而且生活素質也難免大幅滑落。

我認為比較正確的購屋觀或居住觀，應該是以下幾種情形。如果你有錢、又還沒有房子，當然可以在這個時候買戶較便宜的房子，因為房價已相對夠低了，而且是買來自住。如果你有錢，但是不想買房子，當然也行，甚至可以去租自己喜歡的房子，而且住膩了可以再換一戶更喜歡的。如果你沒有足夠的錢、又堅持要買房子，那麼願老天祝福閣下未來的生活素質。如果你沒有足夠的錢、卻不介意與長輩同住或賃屋而居，那麼你算是很務實的人。

理財首重觀念，更重要的是觀念正確與否。比較令人迷惑的是，對於任何一件事情，都可能出現多種不同的觀念，如何抉擇自然不是易事。更麻煩的是，主流意見未必是正確

的，而且往往經過時間發酵及社會進步後，才證明當初的主流觀念是錯誤的。

　　在中國古代，貞節牌坊害慘了許多的婦女。在過去一段時間內，有土斯有財的觀念是不是也害慘了許多人？而且可能包括你及你所認識的一大堆人。

　　有土斯有材、成家必購屋已不符合現代的社會。有錢買便宜屋、無錢租屋而居較為實際。為了傳統概念及面子問題而長期犧牲生活品質，何苦呢？

共同基金**的**矛盾
———————— 基金公司的罩門

共同基金原始設計真的很不錯,但是它最無法令人信服的地方,
就是無法保證獲利。如果連銀行定存利率都不敢保證的專業投資
機構,還憑什麼奢談一年15%的複利投資報酬率?

　　當基金公司所印的文宣上,一再強調以每年百分之十五
投資報酬率為例,十年甚至更久的時間,可以產生天文數字
般的財富,讓人不動心也難。可是,它連百分之一的報酬率
都不敢保證,甚至操作績效可能是負數時,請問你有何感想
呢?

　　共同基金說得簡單一些,就是代客操作,就好比你自己
不太懂股票,委託親朋好友代為建議甚至代為操作,只是基
金公司的經理人更為專業。可是兩者有一個很大的不同之
處,就是通常親朋好友並不會向你收費,頂多是賺一筆後,
你可能來個「意思意思」;可是基金公司不但要收費,而且
收的是好幾種費用。

　　很多朋友都不否定共同基金是一種可以接受的投資管
道,但是抱怨及疑問之處也不少。讓我舉幾個例子,看你是
否也心有戚戚焉?

　　首先,既然國內投信及海外投顧等基金公司,都高薪聘
請了一票高學歷、有實戰經驗的經理人團隊,理論上來說,

應該贏面大於輸面。可是，有哪一家基金公司敢保證投資人在開始申購的一年後，投資報酬率是正？恐怕沒有，至少在台灣沒有。換句話說，投資人可能大都會如此想，我自己賠了沒話說，反正我也不是財經碩士、博士，更不是吃這行飯，可是你們都是公認的投資專家，為什麼不敢保證穩賺不賠呢？如果不能保證，那我為什麼要找你們呢？

　　其次，如果有任何基金公司敢有以下的魄力：投資人的錢不管盈虧，大家各負一半的權利義務；或者說，保證一年的投資報酬率高於銀行定存利率的幾個百分點，超過的部分由基金公司拿走，但是不足的部分則亦由基金公司負責。如此，是不是會有更多的投資人對共同基金產生信心呢？

　　理論上而言，基金的操作績效一定要勝於大盤若干，否則投資人一定虧本。因為即使基金績效與大盤相同，但是在扣除一定要收的手續費、管理費用之後，帳面上一定會虧本的。在此情形下，投資人一旦遇到股市低迷時，不但淨值降低，而且還要付出規費，是不是情何以堪呢？因此，對於一些賭性堅強、或是不甘願付出手續規費的投資人而言，對於共同基金是敬謝不敏的。

　　除了操作績效及規費之外，基金公司也讓投資人有一些額外的疑慮。例如，有多少人知道有哪些投信或投顧是真正正派經營的？有哪幾支基金的經理人絕對沒有和上市公司掛鉤？有哪幾家業者真正是將顧客的權益放在第一位？對於這些疑慮，在國內只有委託台大兩位教授做績效評比，但是尚

沒有真正對業者經營可信度建立評等機制之前，恐怕許多投資人心中的疑慮是難以消除的。

說的更露骨一點，在大部分的情形之下，基金公司是穩賺不賠的。原因很簡單，因為它不必付出操作成敗的成本，只要它向客戶收取的規費超過各支基金經理人團隊的薪資，就是穩賺不賠的。也就是說，只要某支基金的規模夠大，不論它的績效是正是負，業者都是賺錢的，差別只是賺多賺少而已。

當然，共同基金的原始設計是好的，尤其對於台灣股市投資人的效果更是顯著。因為台灣散戶投資人太多，其中有自主判斷能力者更屬少數。與其讓這些菜藍族、銀髮族、甚至無暇研究股市的一般上班族道聽塗說、人云亦云地進出股市，遠不如交給受過專業訓練、有績效壓力的經理人操盤。

有識之士可能會認同，如果台灣有一半的散戶資金，交由投信操盤，不論這些人對績效及盈虧是否滿意，至少對於台灣股市的穩定性及良性發展，都是有益而無害。

現在的問題是，台灣的共同基金只有區區十多年的歷史，甚至不少投信及其旗下的基金是在近幾年來才成立，業者與投資人甚至政府三者之間的遊戲規則尚未全盤建立。再加上近年來正逢股市低迷及經濟不景氣，投信的生存發展確實受到嚴峻的挑戰。

要讓更多台灣投資人加入共同基金的行列，例如，達到美國、歐洲、日本的風氣及水準，除了需要時間的醞釀之

外，以投信爲主、投顧爲輔的共同基金業者，爲了自身的生存發展著想，要多思考台灣多數的散戶投資人需要什麼樣的基金？民眾心目中理想的業者應提供什麼樣的服務？如何讓普羅大眾對投入基金感到有最起碼的保障？如果民眾對基金公司的信賴感一旦建立，那麼台灣才眞正能夠從散戶市場躍進爲法人市場。屆時，即時台灣股市仍有炒手或內線交易存在，至少對整體股市的殺傷力會大幅降低。

俗話說，將相本無種，男兒當自強。共同基金在歐美已經有了紮實的根基，也出現了像是華倫巴菲特、彼德林區等廣受信賴好評的大師級投資經理人。台灣的三十多家投信及數百位專業經理人，除了每日過著比一般人忙碌十倍的生活之外，有空時也不妨想想，共同基金爲什麼在先進國家會成功？移植到台灣後，自己還要拿出什麼絕活去吸引同胞共襄盛舉？

未來台灣的投信業將面臨一些挑戰與變化，不妨藉此機會思考如何加強公司的競爭力與服務性。例如，政府在「共同基金信託管理辦法」中做了很大的變革，也就是准許銀行業發行及募集共同基金，以銀行與民眾密切往來的優勢地位，投信勢必將面臨一番考驗。再如，歐美國家已開始推動投資專戶管理制度，在代客操作時，必須在創造一定利潤（例如，百分之十）之後才能收取費用，率先實施的公司必然能夠受到投資人的青睞。投信基金業者，自力自強，努力創造一個業者與民眾雙贏的局面吧。

共同基金是個人投資者的恩物，但是有一些盲點使得它成為投資人的拒絕往來戶。

信用為理財之本——
與銀行打交道的要訣

講信用誰都知道，但是不被銀行歡迎的人及案件，卻多如牛毛。
有些人是不愛惜羽毛、有些人是迫於無奈、有些人則是神經大
條，你是其中一種嗎？

　　在現代的社會中，能夠完全不與銀行打交道者幾希？隨
著經濟的不景氣、金融風險的提高、個人收支情形的多變，
與銀行往來也難免會有一些「凸搥」的情形出現。與銀行打
交道，尤其是避免不愉快的情形發生，其實並不困難，有一
些原則應當要確實掌握住。

　　第一個，是要保持雙方聯絡管道的暢通。

　　人難免會搬家、換電話，甚至更換電子郵件地址。一旦
遇到這種情形時，千萬不要「預期」銀行（或者投信投顧、
保險公司、證券公司等）一定會知道閣下的新聯絡方式，因
為銀行既不是調查局，也不是戶政事務所，絕對不會隨時有
效掌握客戶的最新行蹤，除非到了必須對簿公堂的時候。

　　銀行發現寄出的對帳單石沉大海，打電話也找不到人的
時候，其貸款部門或信用卡單位的人員絕對會「神經大
條」。在這種情形之下，過了一段時間，你可能會很驚訝地
發現，怎麼自己挨告了。這時與其怪罪銀行大驚小怪，不如

　　捫心自問自己有無過錯，忘了通知銀行更改地址或電話了。

　　第二個，發生狀況時一定要有誠意。

　　人難免會有個起起伏伏，尤其是正逢經濟不景氣，可能不幸遇到減薪甚至被資遣的窘境。如此一來，原來每個月還銀行房貸兩、三萬元可能就力有未逮；信用卡原本每月要還個三、五千元，可能手頭也變比較緊。很多人遇到這種情況，就來個「駝鳥戰術」，一副「反正你敢拿我怎麼樣？」的態度。

　　其實，銀行通常也不願多事，能夠私下解決，就絕不會對簿公堂。原因很簡單，一來打官司要花錢，二來未必能拿到全額。但是如果真的把銀行逼急了，例如，銀行找不到債主，或是找到後債主來個相應不理，那麼銀行也不是省油的燈，必定在開個小會後，將全案移送法務部門處理，也就是走上官司之路了。一旦循司法途徑解決，那麼欠錢者通常不會好過；就算是用盡關係找個民意代表開個記者會，但是銀行既然已先佔在「理」及「法」字上，也就不會輕易打退堂鼓了。

　　即使是自己手頭有困難，也一定要和銀行充分溝通，原本每月要還三萬元的，能否講成每月改為兩萬元甚至更低，過一段時間再說。如果真的已山窮水盡，那麼也要和銀行行員說清楚，讓他了解自己的真實狀況，至少能讓對方做個查證，或者聽聽對方有什麼提議，雙方再慢慢的「諮商」，至少可以免除一場可能的訴訟。

第三個，就是要懂得向銀行「要糖吃」。

銀行對於客戶，大體上有兩種二分法。第一種二分法，就是喜歡大客戶勝於小客戶，因為與大客戶的一筆合作金額，就會是小客戶的若干倍，因此銀行行員都比較樂於與大客戶打交道，除非這個大客戶是危機企業。第二種二分法，就是給老客戶的權益大於新客戶。

什麼是老客戶呢？就是與銀行有一段往來紀錄的客戶，像是將錢存在銀行一、兩年的人、曾向銀行申請房貸、信貸成功的客戶、銀行的信用卡持卡人等。這些銀行的老客戶，因為銀行已做過徵信，而且對客戶的往來紀錄很清楚，只要這些客戶過去沒有什麼「豐功偉業」的不良紀錄，銀行大都會給予一些方便甚至優惠。

如果你是銀行的老客戶，千萬不要妄自菲薄，更不要客氣，要懂得勇於和銀行「諮商」，不妨問問定期存款利率能否高一點，借錢時最好要求利息低一點，或者貸款的額度高一點。站在銀行的立場，當然希望保住老客戶，也會授權經理或襄理，給予老客戶一點優惠的彈性空間。就算你不好意思開口要求些什麼，至少以老客戶的身份，有事沒事時打個電話請教銀行行員或主管，詢問自己關心的金融服務，例如，究竟應該採取固定或機動利率比較好？最近那些基金的表現比較好或比較有潛力？都會獲得對方的禮遇。

與銀行打交道時，千萬要記得兩件事，第一是自己要站穩「理」字及「法」字，一旦雙方鬧起意見來才不會吃虧；

理財相對論

第二是充份利用銀行資源，以老客戶的身份盡可能的去要求優惠，至少可以打個電話請教疑惑之事。果能如此，你可能會有一種「銀行是自己開的」快感，你不妨試試看。

多數人並不善於和銀行往來，甚至因為一些糾紛而視銀行為大敵。與銀行好好的打交道，是現代人應該要好好學習的。

不景氣 就 揀便宜貨
————何妨一試法拍車、拍賣屋

不景氣的消費市場上，很容易出現便宜貨。除了眾所週知的百貨公司打折促銷、商店及地攤的倒店貨外，法拍市場也是一個不錯的選擇。何不試試金拍屋、銀拍屋、法拍屋與法拍車呢？

　　不景氣的時代，往往是理財的好時機，因為什麼東西都會變得比較便宜。對於消費，更是揀便宜貨的佳機。以金額較大的房子、汽車而言，法拍市場就是一個可以考慮的方向。

　　目前在市場上比較常見的兩大法拍及拍賣市場，就是拍賣屋及法拍車。不論是買法拍車或拍賣屋，都各有利弊。利，當然就是便宜，一般而言，兩者都會比市場價格（中古汽車行、房屋仲介公司所開的價格）低個兩成至五成之間，而且產權清楚。弊，就是狀況可能不少，例如，法拍車可能有不少未繳的罰單或稅費，可能買到泡水車及事故車；法拍屋則常會遇到點交的問題，因為在花了一把銀子之後，才發現早有人在住「霸王屋」了。

　　不過，法拍車及拍賣屋由於價格實在便宜，有興趣購屋的民眾稍微掌握住一些竅門之後，仍然非常有可能買到物超所值、後遺症不大的汽車或房子。

　　先看看法拍車吧。

　　法拍車的來源，就是有一些車主，在向銀行貸款買了新車之後，由於各種原因而繳不出餘額，經銀行幾度催繳無效之後，銀行就會通知車主扣車，並且會派出銀行內的法務人員、會同管區派出所的警員，一同前往扣車。扣車之後，就會開回銀行或汽車拍賣場，準備進行拍賣。

　　在拍賣之後，銀行一定會請汽車鑑價公司開個底價，通常會開的很低，因為銀行希望所扣住的車子能夠一次就順利拍賣出去。拍賣所得的錢，優先繳還原車主積欠的貸款金額，如果有剩餘，則通知原車主領取。另外，在拍賣結束後，銀行會要求得標者在三個工作天之內繳清標款，然後由銀行在約十天之內辦妥車籍移轉登記，接著就由得標人領取監理所新發的證件，直接把愛車開回家了。

　　開始進行買法拍車的程序吧。

　　第一個動作，就是找哪裡有法拍車賣，以及何時及何地舉行拍賣。

　　目前大致有兩個法拍車來源，一個是銀行、另一就是汽車賣場。其實真正的來源只有銀行，但是有些銀行未必有足夠的人力及場地舉行拍賣，因此委託中古汽車賣場執行。要找法拍車的來源，最方便的作法，就是上網。只要到入口網站輸入「法拍車」三個字，就會出現一些銀行及汽車賣場的名稱，進入之後就會看到一些有關法拍車買賣注意事項、即將舉行的法拍車資料、拍賣時間及地點等。通常，銀行及汽車賣場會在法拍車資料中，一一註明車輛的廠牌、型式、年

份、排氣量、車號、車主姓名等。

　　民眾除了可以至各銀行及車行網站瀏覽法拍車之外，也可以直接至台灣目前最大的中古車拍賣場「行將」（http://www.sinjang.com.tw）企業的網站觀看，該拍賣場目前共接受花旗、裕隆等十五家銀行、汽車公司的委託，每週分別於台北、高雄各舉行一次中古車拍賣會，北高兩個會場每次的拍賣車輛都在三百輛左右。網站上除了提供了每部車的基本資料外，更會提供大部分拍賣車的違規資料及車輛照片，對於想賣法拍車及中古車的民眾頗為方便。

　　第二個動作，就是做功課。

　　當你在網路上找到法拍車資料後，就要在形形色色的汽車中選出自己較喜愛的車款。此時千萬不要只鍾情於一、兩部，因為參加法拍的人可能有幾十人甚至上百人，除非你開的價錢特別高，否則未必有一定標到的把握。

　　在找出若干部自己較有興趣的汽車之後，就要翻翻中古汽車雜誌、請教熟識的車行老板、問問對汽車行情較熟的親朋好友，了解這些車子目前的中古市場大概是多少。然後再參考網路上法拍車的得標價，訂出自己打算在法拍會場上實際要出的價錢。

　　在做功課時，有一個動作是相當重要的，就是要查出那輛車的欠稅、罰款金額。例如，你看中了一部三陽喜美某一車型的車子，中古車市價大約是二十五萬元，你想用二十萬元試試看，但是查出該車欠了三萬元的稅或罰款，因此實際

理財相對論

上在投標時，你只能出價十七萬元，而不能出二十萬元。至於如何查詢欠稅及罰款紀錄，可以直接利用網路或電話查詢，有的法拍網站就直接連結到監理所，查詢相當方便。

第三個動作，就是參加拍賣會。

在法拍會前，銀行及汽車商都會允許參加者檢查車子，會場上會將所有汽車的車前及前後引擎蓋打開，甚至可以發動車子，但是不准換檔及行駛，也不行拆卸。此時，如果自己沒有把握，最好請個較熟悉汽車的朋友隨行，檢查有沒有泡過水的痕跡、是否有肇事過。例如，聞聞看車裡是否有霉味、車內的接縫處是否有砂的痕跡、前後車廂內是否有兩種以上的油漆、內行人則會看大樑是否彎曲。至於汽車儀俵板上的行駛公里數，不妨參考一下就算了，因為那是非常容易動手腳的。

在檢查完車況之後，就要開始投標的程序了。在投標前一定要繳付新台幣3萬元的押標金，然後領取多份投標單，每一張單子只能投一次標，所以不妨多拿幾張。隨後主辦單位就會依照網路上拍賣車輛資料的順序，逐一接受投標。

假設會場上要拍賣二十部汽車，你有興趣的是第五部及第十六部，那麼在開始進行第一部汽車的投標時，你不妨放輕鬆一點，因為還要過一會才輪到你有興趣的那部車子，但是要先填好標單，例如，自己的基本資料、欲標汽車的資料，最重要的是標款，絕對不能寫錯，尤其是不要把標單上的「萬」及「千」弄錯了。當拍賣會主持人宣布要開始投標

第五部汽車時，你就將事先填好的標單交給在場工作人員，過一會主持人就會宣布底標及得標價。如果喊到了閣下的大名，那就表示你「得標（千萬不要說中標）」了。

再看看拍賣屋吧。

目前，拍賣屋的市場已經發展為法拍屋、銀拍屋、金拍屋三種。

法拍屋資訊的取得，也不必看報紙或親自上法院找公告，在網路上就有一大堆的資訊了。一樣的，在入口網站如雅虎、新浪網、蕃薯藤等，在搜尋關鍵字中輸入「法拍屋」、「銀拍屋」、「金拍屋」即可看到至少數十個法拍屋網站或網頁。

法拍屋的來源，當然也是原屋主無力繳交貸款，而遭法院強制拍賣。在拍賣之前，地方法院會委託民間鑑價公司、地政事務所或地價評定機講，針對土地、建物、其他地上物三部分進行鑑價。在鑑價結果出爐後，如果債權人銀行及債務人原屋主沒有意見時，就是第一次拍賣的底價了。與法拍車不同的兩點是，法拍屋可以流標多次，而且，底價會事先公布。

法拍屋會公布什麼樣的資料呢？網站上會列出房屋所在地的縣市及地址、住宅種類、參考底價、使用情形等。至於如何參加投標及注意事項，各法拍屋的網站都有許多說明。

比較麻煩的是，法拍屋在成交後，會有點交的問題。不論是法院或銀行所舉行的法拍屋活動，有時點交、有時則不

點交。儘管法拍屋產權沒有爭議，但是遇到不點交的情況時，最令人感到頭痛。

比較有經驗的法拍屋投標者，除了動腦筋思考應該出多少的投標金才划算之外，一定要對屋況有所了解。例如，先根據門牌號碼前往看看，並且與鄰居聊聊，如果是空屋，還要看看是否有上鎖，是否偶爾會有閒雜人等進出利用；如果有人強佔「霸王屋」，要試圖了解住者是什麼樣的人、為什麼會住在那裡。例如，對方是不是有租約（有時會假造）、是不是因為有債務關係而進住、有沒有黑道的背景等。

新出現的銀行法拍屋，則是後市看好的一種法拍方式。台灣首次銀拍屋是花旗銀行於九十年七月在台南舉行的不動產拍賣會中一鳴驚人。該次拍賣效果不錯，在三十戶待拍住宅中，一舉成交二十戶，交易金額達二千七百多萬元。最令人矚目的是，位於永康的一戶二十三坪公寓，以底價四十萬八千元賣出，平均單價每坪還不到一萬八千元，讓很多民眾眼紅不已。

銀拍屋通常由銀行本身或者委託專業不動產拍賣公司進行，投標的方式是在拍賣會場以公開舉牌的方式競標，也就是由不同的競標者提高投標金額以決定「屋落誰家」。銀拍屋的底價通常較法拍屋為低（銀行不想浪費太多的時間），價格約為市價的六至七成，而且在成交後保證點交房屋，對於自用型的投標者而言算是一大福音。另外，由於台灣逾放屋高達三十多萬戶，而每年銀拍屋的規模估計達新台幣兩百

億元左右，因此逐漸成為拍賣屋的一大主流。

　　金拍屋是最新的拍賣屋型式，是由台灣地方法院委託台灣金融資產服務公司拍賣，首次拍賣是於民國九十一年十月舉行，拍賣對象包括台北市仁愛路、南京東路等精華地段的物件。金拍屋的方式與法拍屋較為接近，底價通常與市價相去不遠，每流標一次則減價兩成繼續下一次的拍賣，而且也不保證全部點交。

　　在經濟不景氣的時代中，無力繳交貸款者勢必增多，拍賣屋及法拍車的供應便不會減少。由於銀行及法院都不可能寄望於法拍獲利，因此拍賣底價自然遠比市場行情低。對於希望揀便宜貨的民眾而言，當然是一個絕佳的時機。如果能夠做做功課、累積經驗，真的很有可能買到既便宜、後遺症又不大的車子、房子。

　　　不景氣時代中有一個好處，就是有拍賣屋、法拍車及其他各種商品的便宜貨可以揀。

單純就是美 ——
—— 讓保險變得簡單一點吧

台灣市面上所販售的壽險保單，超過二千種，讓人眼花撩亂。買保險有哪些迷思呢？你想買到真正實用、物美價廉的保單嗎？

買壽險保單，對於大多數人而言，是壓力、困擾、更是夢魘。

壓力，就是人情壓力。不論是專職或兼差的親戚、朋友、同事，都不會輕易讓你成為「漏網之魚」。面對他們的人情攻勢，不論買與不買，都讓人左右為難。不是嗎？

困擾，就是不知如何選擇保單。台灣有四十多家壽險公司，超過二千種保單，誰知道哪些保單才是貨真價實。即使保險業務員或經紀人了解閣下及家庭的狀況，而建議一種或數種保單，但你又對保單的內容能夠了解多少？

夢魘，就是一旦買了保單之後，就面臨著繳交保費的強大壓力。繼續繳錢，可能還要繳個一、二十年；不玩了，又怕已繳的保費泡湯或縮水。每當午夜夢迴一想到又要交保費時，就如同一場夢魘。

因為人情壓力而買了保險，是一件沒有理性的事情。理由勉強可以用罄竹難書四字來形容。

首先，以台灣保險從業人員的結構來看，流動性是很高的。許多的業務員都是兼職的，即使是專職人員，也一樣很

容易發生跳槽、離職、調任等情形。可是，一張保單可能會影響你未來一、二十年的理財權益。為了親友一個未必很穩固的工作，而將未來數十萬元、甚至上百萬元的保費投入，恐怕不是一個理智的做法。例如，當你對兼差拉保險的表姐豎白旗而買了一張保單，過了一年半載之後，聽說令表姐不做了，可是你的保險費勢必要繼續繳下去，而且換了另外一個完全陌生的業務員服務，這時候，你的感覺會不會有點「那個」？

其次，儘管是親朋好友，推銷保單的主要動機仍是在一個「利」字。由於保險公司通常將保戶第一年的保費，提撥相當高的比例作為業務員的佣金，在利之所趨之下，絕對是「親情放兩旁，利字擺中間」。尤其，佣金愈高的保單，保費愈高；而對保戶較實用的保障型保單，佣金又少得可憐。很多人都是事後在比較、了解保單之後，才有不經一事、不長一智之感。

再者，除了保險經紀人可以同時代表若干家保險公司之外，一般的業務員只能販售單一保險公司的保單。可是你有沒有發現，不論親朋同事是代表「國X」、「新X」、「安X」、「南X」等保險公司，經常強調自己公司的保單是多麼的棒，簡直是此「單」只應天上有，人間那得幾回「保」。

第四，買保險是很容易發生糾紛或不愉快的，例如，事後嫌保費太貴、覺得服務不好、理賠太慢或查東查西、解約時損失慘重等，都會讓要保人與業務員之間容易起摩擦或產

生心結。與其和親友生悶氣，還不如向一個非親非故的保險業務員發頓脾氣來得「家和萬事興」多了，不是嗎？

當然，天下之事有原則就有例外，「如果」人情壓力大到你無法拒絕，「如果」對方真的能在保險公司幹個十年、二十年，「如果」親友真的非常專業，而且了解你的需求，「如果」他真的賣給你一張貨真價實的保單，「如果」確信後續服務一級棒，那麼就接受吧。但是，如果這麼多「如果」都能成立，那麼就不算是人情壓力，而是要深慶得人了。

選擇保單真的很讓人困擾，不但各種形式的保單多如過江之鯽，而且保費差距甚遠，真叫人不知如何著手。如果完全聽由業務員擺佈，實在教人放心不下；但是自己去選，又沒有作功課研究保單的時間。

先看看五花八門的保單。讓我用一些保單的名稱來煩你，看看你是否有被疲勞轟炸的感覺。請看：「新百樂福單利增額終身壽險」、「親子型保險費豁免附約」、「千禧增額定期儲蓄壽險附約」、「居家療養終身健康險甲型（增額型）、「新二十一年期還本養老壽險」、「十年繳費新年年春還本終身壽險」、「傷害保險附約重大燒燙傷及傷害殘廢補助給付附加條款」、「一年定期二至六級殘廢保險附約」、「增額還本終身壽險（五年還本型）」、「雙星報喜還本終身壽險」、「平準終身壽險」。

面對以上幾個很「簡單」的保障，是否覺得頭昏眼花？

其實，在保險法中說的很清楚，人身保險只有四種，就

是人壽保險、健康保險、傷害保險、年金險。至於養老險、儲蓄險、婦女險、兒童險等，都是衍生出來的險種，至於什麼增額、平準、還本、保本、投資更屬於「衍生性保險商品」，其他像是日日春、年年如意、萬福、滿意、如意、吉祥、利多則更是討個喜氣的贅字罷了。

比較務實的觀點是，選擇保單最好愈單純愈好。從保單的種類而言，就是最好選擇純保障型的定期壽險、健康險、傷害險即可，不必對儲蓄、增額、還本等衍生性的保單寄予太多「關愛的眼神」。從金錢的角度而言，最好選擇保費少、保額高的保單，而不要選保費高、保障少的保單，後者誘人之處就是XX年可以領回XX元、XX年可以全部還本。

在正確的選擇物美價廉、貨真價實的保單之前，一定要先了解保險公司的獲利之道。純理論來說，保險公司只是代管眾多保戶的保險費，然後將之運用於少數發生不幸的保戶或其受益人之上。可是，如此保險公司就不太有賺頭了。

實際上，保險公司獲利之道，首先就是賺取利差，因為保戶繳交保費後是沒有任何利息可拿的，保險公司可以將金額龐大的保費拿去投資獲利，不論是存款、放款、投資，都可以因此而以錢賺錢。保費愈貴的保單，就愈能幫助保險公司賺錢。其次，保戶因為無法繼續繳交保費而中途解約，勢必要遭到損失，因為所獲取的準備金絕對低於已繳交的保費，而高保費的保單最容易讓保戶產生後繼無力的效果。第三、保戶進行保單質借也可以讓保險公司獲利，但是諷刺的

是，保戶所繳交的保費，不但沒有任何利息，在運用「自有資金」時反而要支付利息。

由於保險公司的精心設計，因此有許多民眾受到儲蓄、還本等字眼的誘惑，一時之間並未太過計較高額的保費，等到繳交保費一段時間之後，才驚覺付出的代價實在太高。此時保戶面臨兩難的處境，如果解約就會蒙受損失，如果繼續交錢又心有不甘。

其實，保險的功能在避險，其次則是節稅，至於投資或儲蓄則意義不大。如果拿銀行定存與保險儲蓄比較，至少銀行每年都有利息可拿，而保險則未必，即使有利息，也是多年以後的事實，其中的變數甚多。而且銀行定存可以自由選擇長短期，甚至隨時解約以做它用，所受的損失比較有限；但是保險儲蓄則必須要長期，而且一旦解約，因為儲蓄並非保險的重點，因此損失會相當大。

人身保險，可以規避風險，是極其重要的。可是，在買保險時就如同與保險公司及業務員進行一場攻防戰，其中虛虛實實令一般民眾難以招架。對於一向處於下風的保戶來說，認清保險不等於儲蓄投資的本質、不要受迫於人情壓力、選擇保費少保障高的保障型保單，是三個一生都受用不盡的竅門。

買保險，單純一點，不會吃虧的。

商業保險的迷失多到不勝枚舉，選擇保費便宜、又有十足保障的保單，是最經濟實惠的作法。至於眾多令人眼花撩亂的多功能保單，則有過多的商業利益隱含其中。

作個理財現代人
———————— 理財產品新趨勢

金融業是日新又新的行業，一些新的投資理財商品紛紛問世。台灣有哪些新的理財商品呢？認識它、了解它、運用它，做一個現代理財人吧。

債券：

☆連動式債券

由於台灣股市節節敗退，股民莫不談股色變，因此保本型的投資商品便大行其道，其中更以連動式的海外債券為翹楚。根據銀行估算，台灣地區銀行所募集的連動式債券金額已高達30億美元。

連動式債券是以外幣指定用途信託的方式，投資於海外債券，並且保證一定程度的本金保障。它的保本及獲利操作方式，是將大部分募集的資金投資在固定收益的債券商品上，並且少部分金額及利息投資衍生性金融商品（通常有匯率、連結利率、股票、選擇權、期貨、各國股市指數等），隨使連結投資未獲利，投資人的本金仍可維持。

但是連動式債券的新發展趨勢，已經逐漸由保本轉變成追求高報酬，例如，不保本、本金轉換成股票等方式。因此，投資人在五花八門的連動式債券相關產品中，仍要認清

理財篇

哪一種才符合自己的需要。

保險：

☆住宅地震險

在九二一大地震重創台灣後，投保或加保住宅地震險就成為許多民眾所關心的事情。以往的住宅火險加保地震險，在產險公司評估不符合成本效益後，便停賣了一陣子。後來經過財政部保險司與中央再保險公司研究後，將於民國九十一年一月推出全新的住宅地震險費率。

新的住宅地震險保單，一年的保費是新台幣一千四百九十元，保額為一百二十萬元。如果你買的是全新的住宅火險保單，便會自動附加地震險。至於已經投保住宅火險，就必須要新買地震險保單了。

☆投資型保單

為了擴大保險市場，保險業者想出了結合保險與投資的新產品，這種投資型保單又稱為利率變動型保單。簡單地說，就是既可保險、又可投資的保單。

投資型保單即使是在股市崩盤時，也不會讓你的保額變成零，因為它將保險金額的一部分納入「基本保額」。至於實際投資的金額則納入「累計變動保額」中，這一部分的金額則會隨著股市、利率的變動而變多或減少。

民眾在接觸這種保單時要注意兩件事，一是設法了解基本保額與累計變動保額分別佔保險金額的比重；二是要知道這種保單的保費是必須躉繳，也就是一次繳清，而不能像一

般的保險費可以分月繳或季繳等。

☆強制分紅取消

在一般的情形下，保單的預定利率會比銀行利率來得低，因此保險業者會產生「利差益」的利益，因此過去政府就要求業者將此部分利益以分紅的方式回饋給保戶。但是近來因為銀行利率大幅滑落，反而因為有些保單利率比銀行利率高而產生「利差損」的特殊現象，因此財政部便於民國九十一年起，推動分紅自由化措施，不再強制規定分紅，改由保險業者自行決定是否分紅。自然的，保險市場上就會出現一些不分紅的保單。

共同基金：

☆債券基金

由於股市的風險過高，短期內又看不到太好的前景，因此許多投資人便將重點移至以往只有法人、大戶才操作的債券基金，也使得台灣的債券型基金屢屢攀高。

債券型基金主要的投資標的計有公司債、債券附買回交易。投資人不但可以確保本金不會縮水，而且可以穩定地賺取比銀行利率略高的利息。連台灣的第一家庭中，在民國九十一年都申報了在吳淑珍名下多出了新台幣兩千萬元的債券基金。

☆大陸開放基金市場

由於大陸加入世界貿易組織，因此勢必開放基金市場，而且很可能會取消高門檻措施，讓台灣投資基金公司也能夠

進軍大陸。其實，即使大陸仍採取高門檻政策，台灣的大型投信公司也會想辦法與外國基金公司合作至大陸設基金管理公司。

如果台灣的投信果真至大陸設公司，除了接受大陸民眾投資大陸股市之外，也會涉及台灣民眾以購買基金的方式投資大陸股市，或是大陸民眾透過基金投資台灣股市。不過，這些都要視兩岸政府後續的做法而定。

☆後收手續費

由於台灣的共同基金市場競爭日趨激烈，而且股票型基金因為績效不佳而日益縮水，因此部分投資信託公司便推出基金後收手續費的措施。也就是說，基金投資人不須在購買基金時便付手續費，而在贖回基金時才由投信收取手續費。一般而言，投資基金的時間愈長，手續費的費率就愈低。

☆銀行募集基金

以往只有投信基金公司才可以發行及募集基金，政府在新公布的「共同基金信託管理辦法」中做了大幅變動，允許銀行發行及募集基金。

對於投信公司而言，此舉當然是天大的壞消息；但是對投資普羅大眾則是好消息。未來當銀行與投信角逐市場大餅時，必然會比績效、比服務，最好將來能夠推出像類似歐美的資金管理專戶一般，採取「投資獲利才收錢」的做法。否則，想想近來的基金投資人不但本金大幅縮水，還要支付可觀的各種手續及管理費用，真是情何以堪。

理財相對論

信用卡：

☆無限卡、世界卡

在國人愈來愈重視尊貴感與服務品質之下，信用卡的等級也不斷提升，由最初的普卡、金卡，升至目前已不再一卡難求的白金卡。甚至，更頂級的無限卡、世界卡也紛紛出籠。

至2003年七月，全世界由VISA發行世界卡的國家不到十個，卡數也不到三萬張。無限卡原始設計的最大特色是不預設消費額度，也就是對持卡人的信用百分之百的信任，讓客戶有難以形容的尊貴感。無限卡在台灣的發行對象，鎖定為金字塔頂端百分之一、年收入在新台幣350萬元以上的客戶，而且採取「邀請入會」而非傳統的「申請入會」方式，預計台灣的市場大約只有十萬張的量。在實務上，無限卡仍然有其限度，銀行給予的最低信用額度至少是新台幣七十萬元。

與無限卡有異曲同功之妙的頂級卡是世界卡，也是採取邀請入會的方式，不接受公開申請，而且亦標榜著消費額度無限，年費一年約為新台幣兩萬元。此外，由MASTER發行的世界卡有一個特色，就是提供新台幣一億元的保險。

☆餘額代償

信用卡最讓持卡人痛苦之處莫過於高利率，因此有不少銀行便推出代償零利率的服務，讓許多人眼睛為之一亮，紛紛將原先的債務轉移至代償的銀行。

其實，天下絕沒有白吃的午餐。信用卡餘額代償雖然非常吸引人，但是仍有幾個關鍵是持卡人需要特別注意的：一、代償零利率只有一定的期限，而非永遠；二、雖然是零利率，但是仍要「按次」或「按筆」的收取手續費用；三、代償零利率只限於舊有的消費，任何新增的消費仍然會按照既有的高利率扣款。

　　☆晶片卡

　　由於國人所使用的信用卡是採取磁條式的設計，比較容易被仿製及盜用，因此發卡組織與銀行一直推動晶片信用卡。這種較具安全性的晶片信用卡已在台灣問世，稱為EMV晶片卡。

　　晶片信用卡不但密碼不易被破解，而且IC記憶體可以永久保留資料，資料的儲存量也遠比磁條式信用卡大，甚至可以離線作業。可以預見的，你我的信用卡都將陸續轉成在信用卡正面有一個小晶片的特殊信用卡。

　　外幣：

　　☆歐元新鈔

　　歐元雖然早在一九九九年一月就上路，但是一直是「虛擬貨幣」，因為看不到真的鈔票。但是自二零零一年一月時就正式問世，台灣則大約在二月可以兌領。

　　歐元鈔票的面額分為五元、十元、二十元、五十元、一百元、二百元、五百元等七種，印製相當精密，有安全線、水印、凹凸印刷及七彩防偽等標記，數字在陽光下也會自動

變色。民眾在換到歐元時，假設當時歐元兌美元的匯率是一比零‧九，而美元與新台幣的匯率是一比三十五，那麼一歐元就可以換到零‧九美元或是新台幣三十一‧五元。

股票：

☆跨國交易平台

以往台灣的投資人想要多投資一點國外的股票，是很困難的一件事，不但麻煩而且可能有風險，投資海外基金又嫌不過癮。對此，國內一家證券集團就開辦了跨國交易平台服務，提供台灣投資人購買六國十一個證券交易所的一萬多檔股票。

這個跨國交易平台股票交易，交易對象除了台灣之外，尚有日本東京交易所、日本大阪交易所、日本JASDAQ交易所、南韓交易所、美國紐約交易所、美國交易所、那斯達克交易所、香港聯交所及新加坡交易所等。投資人要注意的是，投資外國股票的手續費很高，比較適合一次大量買賣，如果一次只買賣個數萬元台幣的外國股票，便不太划算，因為每筆的手續費大約四十美元。

房地產：

☆銀拍屋、金拍屋

鑒於以往法院公告拍賣法拍屋，在價格、程序、點交上都不盡令人滿意，因此有銀行別出心裁，與外國不動產經紀公司合作，以超低底價的誘因及新鮮的外國拍賣官現場主持方式做號召。最有名的案例，就是花旗銀行拍賣出台南縣永

康市每坪不到新台幣一萬八千元的二十三坪四樓公寓。

由於銀行拍賣法拍屋的成效不錯，預計會有愈來愈多的銀行，直接向法院承受繳不出房貸的住宅產權，然後自行或委託仲介商拍賣，甚至在網路上拍賣，接著再繼續承作新的房貸。

對於無殼蝸牛族而言，如果手上有一筆閒錢，又一直想買到便宜貨，那麼銀行拍賣的法拍屋就是一個可以考慮的選擇。至於投資客，基於房地產處於低迷時期，脫手未必方便，標到便宜的法拍屋仍會面臨資金積壓的問題。

☆陸資投資台灣房地產

為了紓解台灣長期房地產低迷，政府修正了兩岸人民關係條例，將開放大陸資金來台購買房地產，但是採取許可制，一定要經過政府的許可才能購買。

所以有可能，未來你在賣房子的時候，買主是操著大陸口音。不過這項開放措施有兩個盲點，一是台灣的房地產儘管再便宜，對大陸人而言仍是高不可攀；二是大陸人即使有錢，沒事幹麼買個台灣的住宅？可以預見的，除非未來兩岸政治或經貿出現重大變化，否則開放陸資來台投資房地產，並不會消化太多台灣的住宅。

☆土地增值稅減半徵收兩年：

這個利多消息是因人而異，不好的消息是，對於多數市井小民有關的一般自用住宅，並無法適用。官方的說法是，一般自用住宅的土增稅率只有一成，已經很低啦。

理財相對論

　　如果不是一生一次的出售自用住宅，新屋或持有房屋不久者，也佔不到什麼便宜，只有中古屋齡超過十五年以上的屋主，才佔得到便宜。

　　了解理財產業新趨勢，選擇優質、適合自己的新產業，設法讓自己及家庭享受更高的經濟生活品質吧。

MBA 系列

編號	書名	作者	價格
D5001	混沌管理	袁 闖/著	NT:260
D5002	PC 英雄傳	高于峰/著	NT:320
D5003	駛向未來—台汽的危機與變革	徐聯恩/等著	NT:280
D5004	中國管理思想	袁闖 /主編	NT:500
D5005	中國管理技巧	芮明杰、陳榮輝/主編	NT:450
D5006	複雜性優勢	楊哲萍/譯	
D5007	裁員風暴—企業與員工的保命聖經	丁志達/著	NT:280
D5008	投資中國—台灣商人大陸夢	劉文成/著	NT:200
D5009	兩岸經貿大未來—邁向區域整合之路	劉文成/著	NT:300

WISE 系列

編號	書名	作者	價格
D5201	英倫書房	蔡明燁/著	NT:220
D5202	村上春樹的黃色辭典	蕭秋梅/譯	NT:200
D5203	水的記憶之旅	章蓓蕾/譯	NT:300
D5204	反思旅行	蔡文杰/著	NT:180

ENJOY 系列

編號	書名	作者	價格
D6001	葡萄酒購買指南	周凡生/著	NT:300
D6002	再窮也要去旅行	黃惠鈴、陳介祜/著	NT:160
D6003	蔓延在小酒館裡的聲音—Live in Pub	李 茶/著	NT:160
D6004	喝一杯，幸福無限	曾麗錦/譯	NT:180
D6005	巴黎瘋瘋瘋	張寧靜/著	NT:280

LOT 系列

D6101 觀看星座的第一本書	王瑤英/譯	NT:260
D6102 上升星座的第一本書 (附光碟)	黃家騁/著	NT:220
D6103 太陽星座的第一本書 (附光碟)	黃家騁/著	NT:280
D6104 月亮星座的第一本書 (附光碟)	黃家騁/著	NT:260
D6105 紅樓摘星—紅樓夢十二星座	風雨、琉璃/著	NT:250
D6106 金庸武俠星座	劉鐵虎、莉莉瑪蓮/著	NT:180
D6107 星座衣 Q	飛馬天嬌、李昀/著	NT:350
XA011 掌握生命的變數	李明進/著	NT:250

FAX 系列

D7001 情色地圖	張錦弘/著	NT:180
D7002 台灣學生在北大	蕭弘德/著	NT:250
D7003 台灣書店風情	韓維君等/著	NT:220
D7004 賭城萬花筒—從拉斯維加斯到大西洋城	張 邦/著	NT:230
D7005 西雅圖夏令營手記	張維安/著	NT:240
D7101 我的悲傷是你不懂的語言	沈 琬/著	NT:250
XA009 韓戰憶往	高文俊/著	NT:350

李憲章 TOURISM

D8001 情色之旅	李憲章/著	NT:180
D8002 旅遊塗鴉本	李憲章/著	NT:320
D8003 日本精緻之旅	李憲章/著	NT:320

理財相對論 為你的理財觀念做健康檢查

小市民理財 01

著　　　者／劉培元
出 版 者／生智文化事業有限公司
發 行 人／宋宏智
總 編 輯／賴筱彌
主　　　編／劉筱燕
責任編輯／趙明儀
美術編輯／呂慧美
登 記 證／局版北市業字第 677 號
地　　　址／台北市新生南路三段 88 號 5 樓之 6
電　　　話／(02)23660309
傳　　　真／(02)23660310
網　　　址／http://www.ycrc.com.tw
E-mail／book3@ycrc.com.tw
印　　　刷／鼎易印刷事業股份有限公司
法律顧問／北辰著作權事務所　蕭雄淋律師
郵政劃撥／19735365
戶　　　名／葉忠賢
初版一刷／2003 年 10 月
特　　　價／新臺幣 200 元
ISBN：957-818-525-1

總 經 銷／揚智文化事業股份有限公司
地　　　址／台北市新生南路三段 88 號 5 樓之 6
電　　　話／(02)2366-0309
傳　　　真／(02)2366-0310

理財相對論／劉培元作. -- 初版. -- 臺北市
　：生智, 2003〔民92〕
　　面；　　公分

ISBN　957-818-525-1（平裝）

1.理財　2.投資　3.證券

563　　　　　　　　　　　　　　92010547